U0021624

剛剛好的溫度

面對多重角色的平衡之道，讓愛擁有恰到好處的溫暖

尚瑞君 著

目錄

第四章　擁有讓自己幸福的能力——【自我篇】

作者序

婚姻裡的情商課

婚姻是什麼？

以前的婚姻是一張天羅地網，進入的女人要冠上夫家姓氏，要繳出自主權，要認命又無怨無悔地為別人付出一生。

現代的婚姻是一張兩人合作的契約，甚至有些人在還沒完成這張契約前，就先簽署了如果日後離婚後的協議。

而且婚姻也已不再是網住女人身心自由的貞操帶，而是把夫妻帶往大千世界的萬花筒。

進入婚姻的我才知道過往未婚的生活是如何天真浪漫的近乎傻氣，原來在人際世界的複雜，會讓我對人性的了解開外掛，磨練個幾年就功力增加一甲子。

如果你問我結婚到底好不好？我可以跟你說我不知道不結婚會如何，但我可以保證結了婚會讓你有如醍醐灌頂，絕對可以讓福慧用等比級數增進。因為這不是別人好心送給你的禮物，而是你在面對角色變化中磨出的真實力、真智慧。

身為女性，從當女兒開始，我們漸漸變成別人的女朋友、妻子、媳婦、母親等不同角色，每增加或轉換一種角色帽，就讓我們更看不清楚自己到底是誰。

妳是誰？妳會是誰？妳究竟是誰？妳有沒有這樣問過自己呢？

女人常常被賦予「妳應該」這個要求，未婚前妳應該做一個貼心的女兒，結婚後妳應該成為一個稱職的媳婦，生育後妳應該當一個盡職的母親，「妳應該」、「妳應該」、「妳應該」……

別人口中的「妳應該」，究竟還有沒有「我」，我又在哪裡呢？

當「我」選擇婚姻變成「我們」，就讓人際生活變出更多的狀況與挑戰。人際有問題就一定可以找到解法，而且解法往往比問題多。只要先從「我們」中抽離出「我」，跟自己的內在連結，把自己穩定與安定了，再跟別人連結，慢慢就會找到解決之道。

這幾年腦科學和心理學越來越普及是好現象，透過對大腦和人性心理運作的觀察與閱讀了解，我們能增加自己的情商，有好情商才能經營好婚姻。

婚姻不僅是修行，除了靠用心經營，更是一場演技的大考驗。在婚姻中要讓男人當「一家之主」，而女人則當「一家之王」。主與王，差別在頭上那一點領頭的壓力與面子問題。當我們讓男人在外面代表家，做足面子給他，男人往往也會讓女人在家統籌一切，把裡子都給女人掌握，這其實是種互惠與平衡。

只是不管是主或王，其實都需要輪替與補位。我們不要角色停留，一如站久了想坐，坐乏了想躺，躺在床上如果都不變換姿勢，不但全身痠痛，還會不舒服。只有一個人撐住家，任誰都會累。經營婚姻不是一個人用盡全力，而是要兩個人一起共同努力。

生活才是婚姻真正的經緯。不管對內對外，夫妻偶爾當王，偶爾當主，一起網羅住生活裡的大小事，就是愛情在婚姻裡的續航。

婚姻裡的情商課，是要用剛剛好的溫度來煲好婚姻，因為情緒的好壞冷熱，絕對會影響婚姻生活的品質。先讓自己有好情商，才能讓先生、孩子也學習變成情商好。

有人可能會抗議地問，為什麼不是先生來學、來改變呢？哦哦！這個問題很好，而答案也很簡單，就是要別人改變很難！但一個家庭裡，只要有一個人改變了，整個家庭就會改變。「我」願意先做那個改變的人，這樣就像是自己掌握能獲得幸福的金鑰匙，而不是只被動地等待被別人說「妳應該」。

男人不但不是天生就會當丈夫和爸爸，如果他的原生家庭橫加干涉，妳只會在婚姻中看到先生永遠長不大與無法承擔任何事的那一面。因為很多男人，從來就沒有真正脫離子宮的保護與束縛。先生需要細膩的妻子引領，向自己內心深處的靈魂探看，才不會只在乎外界的功名利祿與風花雪月，而忽略家庭如何塑造一個人的價值與意義。

看「新娘」這個用詞就知道，她的角色被新家庭賦予責任和意義；太太是先生新的「娘」。

還記得在結婚前，公婆前來參觀我們的新房時，婆婆笑著對我說：「這以後就是你們愛的小屋，翔祺就是你的大兒子了！」

我也笑著回應：「我以後還要做翔祺的小女兒呢！」

夫妻，可以當彼此的孩子嗎？答案當然是肯定的，如果只是一方一直當著配偶的老爸或是老媽，一定會有很嚴重的相對剝奪感，讓婚姻關係變得傾斜與不健康。

唯有夫妻一同走在心靈成長的路上，才可以讓彼此成為更相輔相成的伴侶。讓對方都可以亦夫（妻）、亦父（母）、亦師、亦友，在各種角色與位階上隨時補位與支援，我們才可以偶爾放鬆與放空。

只是當初我認為要做先生的小女兒時，一心還沉浸在愛情將修成正果的喜悅中，以為自己只要被疼、被愛、被照顧就好，卻不知道婚姻裡有好多的磨練與考驗，等著我們哭哭笑笑地破關與晉級，而不是繼續只接受著被照顧與被保護。

一晃眼結婚快二十年，當我開始在不同角色中轉換自如，才知道什麼叫如魚得水。如果婚姻是魚，那越好的情商就會有越多的活水，任婚姻自在地徜徉與延續。

謝謝家人對我寫書的支持與鼓勵，謝謝時報出版的香君和我一起編寫愛的小書，更謝謝許多朋友們分享他們的婚姻故事，讓我看到更多婚姻的面向與極限，也更珍惜自己的幸福和幸運，也謝謝正在看這本書的你們。書中的故事有笑有淚，有辛酸有甜蜜，有振奮人心也有無能為力，一如大家的婚姻生活。祝福大家都可以在婚姻這個關卡上，越破關晉級，越感受到柳暗花明與無怨無悔，終至游刃有餘的扮演好「我」和「我們」的各種角色。

謹以本書，獻給天上的父母，謝謝他們生養我、疼愛我。更謝謝我一生摯愛的先生，他的彈性與寬容，讓我可以自在又任性地做自己，可以在愛情中看見友情的真誠，享受親情的美好，傳遞人性中的善良。

祝福我們：結婚二十周年快樂！也持續向下一個二十年，攜手前行。

第1章

有了婚姻，還會有愛情嗎？

——【人妻篇】

在婚姻裡，思考我們要什麼樣的幸福

在婚禮上，常常聽到祝福新人，是「佳偶天成」、是「天作之合」，希望他們「白頭偕老」、「早生貴子」。但在婚姻中待得越久越會發現，夫妻哪有什麼天作之合，根本是天天在磨合吧！

每一個孤單的靈魂，都在紅塵中尋尋覓覓，希望可以遇上跟自己配成雙的伴侶，來完整生命，不再感受孤單。

你在婚前，曾經想過，為什麼要結婚嗎？

因為想要跟心愛的人，一直生活在一起。

因為可以省房租，可以分擔開銷。

因為不想當魯蛇，不想當敗犬，一定要結婚，才能證明自己有人要。
因為戀愛談久了，不結婚要幹嘛！
因為大家都結婚，我不結婚很奇怪！
因為爸爸媽媽一直催婚，被逼煩了！
因為在對的時間，終於遇上對的人！
因為想要合法地生孩子。
因為孩子比我們還急（已經在肚子裡，甚至出生了）。
因為想要脫離原生家庭的掌控！
因為我們想結婚了！

你有沒有從上述的結婚原因中，看出端倪呢？我們想結婚，大多都是想從婚姻中「得到」，得到跟心愛的人一起生活，得到節省開銷，節省時間，得到解決爸媽催婚的解法等，卻沒有想到要付出，又或是會失去什麼呢？

在福禍相倚的世間真理中，我們怎麼可能只享有結婚的好處，卻不用承擔婚姻裡的壓力或責任呢？

不管你們結婚的原因，有沒有在上面的選項出現或列入考量，婚姻這張證書，就是雙方要共同經營生活的契約。很多人應該都想過要毀約吧？那又是什麼原因，讓你沒有真正毀約，還繼續留在婚姻裡奮鬥呢？

小時候，我父母的婚姻關係不算太好。在國小階段，我最害怕的事是回家看不到媽媽，因為擔心媽媽又離家出走。我的父母是經由媒妁之言結婚的，兩個人相差快三十歲，爸媽每次溝通不良，就造成家庭氣氛的大破壞，讓我對婚姻沒有半點憧憬。

高中時，我父母分居，有些手足跟母親住，我和姐姐則跟父親留在眷村裡。雖然一個家庭一分為二有點奇怪，但我再也不用擔心媽媽會離家出走，因為我知道媽媽住在哪裡，我可以隨時去找她。那時慢慢也發現，分開生活的父母因為減少相處的時間，降低產生摩擦的機會而停止了爭執與暴力事件，反而在日後的互動中變得比較平和。大學時期看著哥哥姐姐陸續結婚，成立自己的家庭，經營著有別於我父母的婚姻生活，感覺好像也不錯，讓曾經對婚姻視為畏途的我，也不再排斥結婚與談戀愛。

大學畢業的那年，一個女同學打電話給我，說班上有位男同學在當兵的同袍，看到我的相片，說他想認識我。男同學打電話到我家，結果被我爸罵了一頓；他也打過幾次電話拜託女同學跟我說這件事，但女同學幫我拒絕了幾次後，男同學仍打電話來詢問，於是女同學問我：「妳要不要跟他們見一面呢？」我想著，如果我不答應見面，這樣就難為了兩個同學；見一面，就當作開同學會，也不會有甚麼損失吧？沒想到這個在心中流轉了幾秒自問自答的善念，讓我們在相約見面後，後續談起了十年的初戀，最終戀愛修成正果走入婚姻。

在婚禮上，常常聽到祝福新人說，是「佳偶天成」、是「天作之合」，希望他們「白頭偕老」、「早生貴子」。但在這場充滿粉紅色泡泡的婚禮結束之後，在婚姻中待得越久越會發現，夫妻哪有什麼天作之合呢？根本是天天在磨合吧！不要覺得結婚是被詐騙就算不錯了。

婚姻需要認真經營和付出，才可能成為佳話。

我先生是雙魚座，我是巨蟹座，在星座速配度上，婚姻契合度是一百分，但不管多契合的配偶，也不可能天天是一百分啊，偶爾覺得他懂我，偶爾感受到心有靈犀一點通的默契時刻我就偷笑了，怎麼可能幻想每天都是詩和玫瑰的浪漫與芬芳？

大部分的婚姻配偶，好像都是在婚姻發生讓人不愉快的經驗時，才會開始思考，我們為什麼要結婚呢？

你，又為什麼要結婚呢？

其實，每次問自己這個問題時，你是更加深對經營婚姻的自信與感謝，還是徒增對婚姻的抱怨或後悔呢？我希望我們都是前者，但我也明白，確實有人是後者。

在婚姻的路上，只要你還沒有放開對方的手，就讓我們來看看別人的故事，想想自己的婚姻，要如何更舒服與自在地繼續牽手，共度餘生。

你好奇我為什麼會結婚嗎？請看我的書《剛剛好的管教》，裡面有提到我為何談了十年戀愛才結婚喔！

不管當初選擇結婚的原因是什麼，但我相信還留在婚姻裡的我們就對婚姻還抱持著想法與期盼，希望我們都能在還牽著伴侶的手的路上，可以莫忘初心，也都可以記住，當初想要一起生活，想要好好愛對方，甚至想要共同孕育新生命的天真與勇敢。同時還要時時展現真心一同面對姻緣路上出現的挑戰，才能用心經營著婚姻生活的日常，好好珍惜可以彼此陪伴的日子，讓歲月釀出婚姻裡的厚重與甘醇。

本以為是公主與王子的幸福生活，原來是灰姑娘跟青蛙的現實人生

如果你無法適應婚後生活的繁瑣與重覆，那是你太習慣被爸媽當成王子或公主。未婚前，生活往往充滿浪漫的星光，連眼淚都會被看成是珍珠；而婚後，是高跟鞋換成平底拖鞋，流汗會被嫌臭；滴落的眼淚，可能會被視作無能或軟弱。

雖然現在的離婚率屢創新高，但在我們這些結婚超過十年的人看來，大多是現在年輕的夫妻都不想吃苦；或是彼此沒有一起共患難的革命情感。年輕的伴侶，總以為婚姻要像童話故事中寫的一樣，王子和公主，從此過著幸福快樂的生活。

只是，婚姻裡要的幸福和快樂，是誰在買單呢？

談戀愛時當男女朋友，兩個人都有各自原生家庭的父母在照顧彼此，誰都沒

有做過多少家事，也不太關心自己賺的錢都花去哪裡了。但在結婚成立兩個人的家庭後，每樣開銷都要現金支付，地要有人拖，衣服要有人洗，飯要有人煮，垃圾要有人倒，馬桶也要有人刷洗。這些生活瑣事由誰來做，生活花費又從那裡來呢？

婚姻，是揭開愛情想像的面紗，讓未曾離開父母照顧的男女，看見生活的原貌。那些生活的小事在結婚後，原來都可以變成發生衝突或吵架的大事。因為大部分的人，都會覺得自己付出的比對方多。

如果你沒辦法適應結婚後生活的繁瑣與重覆，那是你太習慣以前被爸媽當王子或公主般照顧的生活，因為父母總是在前方幫我們遮風擋雨。未婚前在一起時，不用考慮現實，生活往往充滿浪漫的星光，連眼淚都會被看成是珍珠，約會都像是在童話故事中穿著高跟鞋參加舞會。而婚後在一起，是高跟鞋換成平底拖鞋，流汗會被嫌臭，滴落的眼淚，可能會被視作無能或是軟弱。

原來，結婚會讓公主變回灰姑娘，會讓王子變成青蛙。

婚姻，像是一顆種子埋在土裡，需要每天澆水、曬太陽，才有可能發芽、茁壯，長成可以讓兩個人互相安慰與進步的身心養護所。而分隔兩地的婚姻，就像是沒人照顧的種子，一旦疏於照顧久了，不但不會發芽，還會爛在土裡。

你，今天有照顧你的婚姻嗎？

雖然台灣人現在越來越不喜歡結婚，也更輕易就談離婚。平均每天有一百多對夫妻選擇分道揚鑣，但還是希望大家在選擇進入婚姻前多想一想，要選擇離開婚姻時也多想一想。

沒有一段婚姻是完美的，也沒有「下一個人一定會更好」，那是迷思與神話。

婚姻不只是童話故事的終點，而是夫妻一起面對現實生活考驗的起點。光靠婚前累積的浪漫，不足以維持一輩子的婚姻。偶爾製造一點小驚喜，我們還是可以發現彼此眼中的肯定和溫柔。

如果要從生活中落實，就是雙方要持續保持「天真又幼稚」的浪漫情懷，也就是哲學家尼采說的「膚淺的深度」。這是從內心深處在乎的深度出發去做的表面功夫，比方在非特別的節日出奇不意地買花，或是對方很想要卻遲遲未買的東西送給他，又或是當另一半不注意的時候偷親他一下、抱他一下，那往往會重新燃起觸電的感覺，這些在平淡刻板日常生活裡創造的一點驚喜，會讓我們活化愛的感覺。

當生活太習慣，老夫老妻很容易就會忘記當初兩人的「共感」是創造出來的，是一起看電影後談論劇情，是相伴旅行時收集情報與克服旅途中的困難，是彼此分享心事與分擔煩惱的徹夜長談，是傻傻地笑著看著對方眼中的自己也笑的好傻好天真！那些以前覺得浪漫，婚後卻可能覺得幼稚的行為，其實是兩人用心共同營造出來的「魔幻時刻」，是能讓夫妻心有靈犀地認定對方就是命中注定靈魂伴侶的關鍵時刻，也是雙方親密感的最重要基礎。

在婚姻生活中不斷持續創造這樣的共感時刻，能讓愛的活水不間斷，積累革命情感，讓情意生情義，才能讓夫妻累積更多的能量，可以同甘、共苦。

婚後的第一項變數：要生小孩嗎？

如果婚姻像個皇冠，孩子就像是皇冠上的鑽石。
但在家庭中，夫妻才是最重要的，不要讓孩子變成主角，才不會讓婚姻陷入危機，
因為皇冠上有沒有鑽石，都不會影響它是一個皇冠。

時代已經改變很多，現代男女選擇結婚，女人不再一定要背負生兒育女的壓力，而是要不要生孩子、要生幾個孩子，可以是兩夫妻之間的事情。

現在更有女性買精子自己生孩子，或是先選擇凍卵，日後再做出更明智的決定，雖然這些只是少數中的少數，但都證明女性開始對自己的人生有更多的主導權，當然也需要有智慧承擔選擇後的責任。

如果婚姻像個皇冠，孩子就常像是皇冠上的鑽石，而鑽石總是吸引眾人的目

光，變成討論的對象。但在家庭中，夫妻才是最重要的，不要讓孩子變成主角，才不會讓婚姻陷入危機，因為皇冠上有沒有鑽石，都不會影響它是一個皇冠。

就我自己的經驗與觀察，生孩子可以考慮以下幾點：

一、經濟條件

結婚初期雙方需要時間磨合生活習慣，如果經濟條件還不穩定，連自己都還養不活時，最好先不要生孩子。相反地，經濟條件好的，比方說家底厚，長輩能金援養育孩子的費用，就算才二十多歲，也可以比較安心地生養孩子。

曾看過新聞報導，有年輕夫妻不認真工作，靠生孩子領補助過生活，但補助的錢卻不是買孩子需要的食物用品，而是花費在打電動娛樂等，這真的很不負責任。

換個角度看，經濟能力誠然是生養孩子的一個重要因素，但有錢當然還不夠，還要有心、有意願，才能好好教養孩子。

二、年齡

不管是父或母，如果年齡太大，精卵的品質都不穩定，比較容易發生畸形、異常、早產、流產等狀況。此外，家族後援也可能不足，因為不單是夫妻高齡，他們父母的年齡可能也大了，在體力上無法幫忙分擔育嬰。所以如果結婚時夫妻年齡都超過三十歲，又都有共識要生養孩子，還是早點生孩子比較好。

最好的懷孕間隔，是生完一胎，休養十八到二十四個月，這樣母親的身體才可以充分休息，再準備孕育新生命，但這還是要視個人和其資源與限制。像我有個朋友因為超過三十五歲才結婚，而且想生養兩個孩子，她生完第一個孩子做完月子沒多久就懷了下一胎，她說：「趁著還能生，連續生，一起養，也就養大了。」

另一個朋友卻有另一種極端的故事。她說：「我認識一個朋友，因為懷孕時狀況很多，需要躺著安胎，而且她要把孩子養大了，才能躺著再懷下一胎，所以她每隔八年才生一個小孩，三個小孩老大跟老么相差了十六歲。」那個朋友從二十幾歲開始生孩子，一直生到四十出頭。

三、意願

生養孩子，需要夫妻雙方的討論和共識。我也認識一些朋友選擇不生孩子，當頂客族。他們很清楚知道，自己不喜歡小孩，只想過好兩人的婚姻生活。他們不跟長輩一起住，當長輩問起生育孩子的事，夫妻兩人會口徑一致表示不想生養孩子，長輩問個幾年，也就放棄不再問了。

然而人生中，大部分的事情都很複雜，你想要的，不一定能得到；你不想要的，卻偏偏降臨到身上。我們能怎麼辦呢？我們只能學著接受人生裡的各種際遇，想著所有的安排都是最好的安排。

就像看別人懷孩子、生孩子，好像都在計畫中進行，都很容易似的，可偏偏也有些人是怎麼努力、怎麼求，都得不到一個孩子。

我有位朋友從二十幾歲就開始求子，始終不得，到三十幾歲時，開始用人工受孕，用試管嬰兒，好幾次懷孕成功，卻又流產收尾，花了上百萬，奮鬥到四十幾歲，膝下猶虛。最後她終於想通，明白強求來的孩子不一定好，於是決定放棄求子。

都說孩子是在天上就選擇父母了。「孩子會跟著父母」，以前我不懂這句話的奧妙，直到我碰到好幾個朋友在之前結束懷孕後不久又懷孕，她們都說孩子就是要他們當父母。

有個朋友就說：「我的老三其實是老四。原本生老三前我還懷過一個小孩，但懷孕發現有問題，醫生就處理掉了，沒想到，很快就又懷孕了。他就是要當我們的小孩，前一次不健康，後來變成健康的再來！」

這讓我想到自己剛驗出懷孕時，因為之前剛動過膝蓋手術，難免擔心手術會對胎兒有影響，但醫生很肯定地跟我說：「放心，寶寶如果有問題，三個月內會自己流產！」我很感謝孩子不但很健康，還在我歷經手術與復健時，陪著我度過生命的煎熬。這種「我們在一起」的共同奮鬥感，讓我跟長子一直有革命似的情感。

孩子，真的是緣分。但親子緣何時會出現，其實都不一定。有些夫妻很想要孩子，卻一直沒有成功，最後可能領養，或是放棄。也有些夫妻，一開始不要孩子，沒想到意外生了孩子之後，才發現原來自己喜歡小孩。總之，順其自然，隨緣且喜，並善待因緣。

每個孩子在平安出生前，其實就有好多故事了。

你還記得為什麼要生孩子嗎？還記得剛知道懷孕時的驚喜與驚訝，還記得第一次把孩子抱在懷裡的感動與滿足嗎？那是一種想要守護他平安長大的承諾與期待，讓我們可以克服沿途遇上的困難與挑戰，陪著跟自己心愛的人創造的新生命一起成長。

懷孕生子，是女人拿命在賭

在得到孩子這份禮物前，男人和女人的付出及承擔的風險，是不符合比例的。先生花幾分鐘的快樂，妻子卻得承受十個月的不可預測性。母子均安當然是我們衷心期望的，但如果不幸真的降臨呢？

每一對夫妻，都有不同的生育故事，也都有自己的甜蜜與困境。

懷孕雖然是女人的天賦本能，但不盡然都是美好的時光。這其中除了喜悅，也有擔憂；除了興奮，也免不了害怕。而身體越來越笨重與不靈活，不但吃不下，睡不好，又怕寶寶營養不良，真是苦苦的煎熬與掙扎。

孕婦需要很多的關懷和鼓勵，支持與同理，而且，懷孕生子，更是女人拿自己的性命在賭一個未知，請對她溫柔善良一點。

新婚三個月，我檢查出已懷孕六週。因為一個月前才動過左膝手術，我停止了所有的藥物，先生也買了好幾本關於懷孕生產的書，讓我在閱讀中不至於過度擔憂與害怕。

邊懷孕邊復健到五個月後，我重回職場。後來因為密集的子宮收縮，我只能在家躺著安胎，光吃安胎藥還是發生出血的狀況，最後住院打針安胎。在醫院安胎，其實是件很痛苦的事，孕婦所有的活動空間就在那張病床上，包括吃和睡，梳洗和排泄、排遺。因為無法離開病床如廁，還得額外花錢請看護，照顧一切的起居飲食和清理排泄物。在安胎時，每日每夜就只希望肚中的寶寶可以安穩與健康長大。

但當孩子平安順利地生產，並不表示責任已結束，這只是另一個教養責任的開始。更有些運氣不好的媽咪，甚至因為產後大出血失去生命。

以前有個同事，之前在醫院擔任護理師，她說：「女人生孩子，真的不能開玩笑，要考慮自己的身體與狀況，不要堅持一定要自然產或是剖婦產。我們曾經遇過一個孕婦，因為子宮收縮不良，醫生建議她用剖婦產比較安全，但她堅持要用自然產，沒想到後來發生產後大出血，產婦沒有救回來。也有遇過孩子已經要出生了，婆婆卻衝到醫院要媳婦等時間剖腹產。這些在婦產科遇到的故事，真的都讓我們醫護人員很無奈。」

從懷孕到生孩子，雖然只有十個月，跟生命歷程數十年比起來好像不長，但中間會出現什麼狀況，誰都無法預料。而生孩子的歷程，從幾個小時到十幾個小時不等，好像很短，但卻都是媽媽和孩子在生死關頭的奮鬥與拚搏。

我在預產期前幾天，因為密集的宮縮讓我以為即將臨盆時，一大早我們夫妻很開心地跑到醫院準備迎接新生命的降臨。沒想到在護士急著幫我打針戴上氧氣罩要我躺左側大口深呼吸時，醫生衝過來說：「現在寶寶的心跳一直在下降，而且子宮收縮強度已經超過催生的強度，我們先觀察半日，如果狀況不好就要緊急剖腹產。」

還好中午腹中寶寶的心跳慢慢恢復正常，到了下午我還是在催生的輔助下，隔日凌晨順利進行了自然產。

只是在兒子平安誕生沒幾個小時後，我就被醫院通知孩子被送到加護病房。去病房探望孩子，看到寶寶被放在保溫箱，打著針，細小的手臂上綁著大片夾板，我的眼淚不斷從眼底滑出。那一刻，除了自責，還被更多的擔憂與害怕所擊倒，而且你猜到了：我被產後憂鬱症纏上。

產後憂鬱症，真的是許多新手媽媽的健康殺手，讓產婦無法克制地只能在悲傷與痛苦之間掙扎，除了哭，還是哭，好像忘了一切其他的感覺和感受，這段歷程可以看我的《優雅教養》一書。

還好，我後來從產後憂鬱症中掙脫出來。但我先生前同事的太太，卻因為嚴重的產後憂鬱症，有想殺孩子的企圖。為了生孩子，媽媽不但自己賠了健康，最後還走上離婚一途，孩子也跟著夫家，真讓人唏噓。

我還聽過一個更悲慘的故事。我的手足有位同學婚後多年不孕，兩夫妻接受治療後喜迎龍鳳胎。媽媽在剖腹產後覺得身體不適，但護士還是鼓勵她下床走動，她在走去看新生兒的途中昏倒，最後變成植物人，醫院賠償一百五十萬達成和解後就讓他們母子女三人出院。她先生請了看護照顧妻子，兩個孩子一個給自己的媽媽帶，一個給岳母養。幾年後那位妻子往生，她先生跟看護結婚。

比悲傷還悲傷的，是辛苦生出的孩子叫別人媽媽，親生母親卻已經在天上。

有次跟先生在聊天時，他突然好奇地問：「如果不用考慮養孩子的經費，妳會想生幾個小孩？」

我說：「懷胎十月的辛苦、擔憂與害怕，你是無法體會的。我生了兩個，已經對得起國家社會了！」

在婚前，先生說他想要兩個兒子，我則想生一個女兒，所以當時他很豪氣地說：「那我們結婚後生三個小孩吧！」

沒想到我受傷、懷孕，開刀，復健、安胎，全部攪和在一起。懷第一個孩子，太辛苦的歷程，一度讓我對再生第二胎打了退堂鼓。但先生說：「只有一個孩子太可憐了，我們再生一個就好。」

沒有手足的孩子確實孤單，於是我又鼓起勇氣與完成各種懷孕準備。

老大一歲半時，我在計畫中懷了第二個孩子。跟懷頭胎一樣，我的子宮很快又開始密集收縮。這不禁讓我擔心，如果又像當初一樣要住院安胎，那老大由誰照顧呢？每天吃著安胎藥的我，連自己都照顧不好了，怎麼還有能力照顧孩子？

還好，那時娘家跟婆家都提供了支援，而大兒子也知道媽媽的肚子裡有新寶寶，有時候我很不舒服時，會讓他摸摸我的肚子，他知道媽媽需要盡量躺著休息，也會在旁邊陪我而不吵鬧。因為他的貼心配合，讓懷孕已分身乏術的我省了不太需要照顧他的心力。

在得到孩子這份禮物前，男人和女人的付出及承擔的風險，確實不符合比例。先生花幾分鐘的快樂，妻子卻得承受十個月的不可預測性，只因為對先生的愛，妻子不惜變胖、變醜、變得神經衰弱卻意志昂揚，要幫你們生下健康的孩子。而且，活著生下健康的孩子算幸運，那如果被不幸降臨呢？

妻子懷孕時，先生無法分擔她身心上的壓力與疲憊，在孩子平安誕生後，就積極熱情地參與育兒，當個神隊友好嗎？讓夫妻在成為新手父母之後，可以藉由一起照養新生命的各種挑戰，有更多同舟共濟的扶持之情。

一溝通就吵架？改善關係的對話練習

當有人開始出現酸言惡語的挑釁時，會讓我們感到憤怒難受與想反擊，但當對方的語言越界時，我們只要提醒對方界線，並冷靜暫離現場，其實一個巴掌就不再能拍響，這樣也不會變成毫無助益的口水戰。

從戀人變成夫妻，從過往的煲電話變成煲湯，當濃情蜜意已然熬成了柴米油鹽的日常，當朝思暮想逐漸變成了朝夕相處的平常，還有工作上人際與升遷的壓力，以及生活上開銷與張羅的壓力，都會讓夫妻之間談話的氣氛與內容，如同從天堂墜入地獄，愈變愈無趣。不但不再情話綿綿，還會因為對話溝通不良，讓原本相愛的有情人，變成最熟悉的陌生人，甚至是相看兩厭的仇人。

言語霸凌往往比肢體傷害還恐怖，那是殺人不見血的刀刃。我們要如何透過語言找回初相識時的甜蜜與心動呢？

一、重話要輕說

「今天的菜太鹹，湯又沒有味道。妳到底懂不懂料理啊？」

「孩子為什麼常常生病？妳這個媽是怎麼當的？」

「家裡怎麼又是一團亂？妳都在家做什麼？」

「你賺的錢那麼少，根本連過生活都不夠，還要求我什麼？」

「隔壁的先生又升遷了！為什麼你總是在這個位置上不動如山呢？」

「你以為賺錢最大，你看到我對這個家的付出了嗎？」

這些話也許都是事實，但很多事也是只出一張嘴去批評很容易，如果自己身歷其境去操作，卻不一定會做得比對方好。

我們是不是常常起初只是為了自我防衛，卻每每意外變成像是在攻擊配偶？

其實說話的態度和內容，音調和表情，種種的語言或非語言的訊息，都會影響我們跟他人的溝通。

不要亂評斷配偶為家庭的付出與貢獻，如果發現對方的作為沒有達到自己預期的理想與標準，那只是自己的期待落空了，但不應該讓自己的愛迷路。請試著站在對方的立場看，同理一下。例如當家庭裡有年幼的孩子時，真的很難隨時保持居家的清潔與整齊；在還處於事業打拼的初期，也真的很難隨時有可以自由享受與消費的閒錢支配。

不論是賺錢養家，還是在家裡持家，都是讓家庭穩定經營的重要力量。我們可以把自己的期待或想法，用和善的言詞平實說出就好，千萬不要用尖酸刻薄的言語，來攻擊與傷害配偶的付出。

很多人都會強辯自己說的是「實話」而得理不饒人，但並非實話就一定要實說，因為站在實話的制高點上，好像就擁有了道德的決勝點，反而會讓人在不知不覺中加碼說出很傷人的話。

重話要輕說，而且要用善意和緩地說，特別是現在社群網站大家都在分享生活中享樂的事，會讓人誤以為自己的婚姻最苦，但其實多半是別人只曬恩愛，卻沒有暴露全部的真相。

二、急話要慢說

在心情很急躁的當下，我們往往會讓防衛變成攻擊。有時候話到嘴邊，要先忍一忍，因為說出去的話是潑出去的水，覆水難收。

有一年冬天，我們全家去土耳其旅行，那晚住在伊斯坦堡的飯店，領隊說那家飯店有很棒的溫水游泳池。當時才十歲的小兒子要我帶他去玩水，但隔天要回國，我忙著整理四個人的行李，實在抽不出時間。我希望先生帶孩子們去游泳，沒想到閒閒沒事幹的先生卻不願意。收拾行李已經一團亂的我，加上先生沒有同理心的回覆，憤怒的極致推升，讓我說出冷酷無情的話：「回台灣，我們去簽字吧！」

我冷漠的言詞，沒想到換回他更尖銳且挑釁的兩個字：「好啊！」

看著在一旁默默流眼淚的老二和不知所措的老大，再看著眼前的行李散亂一地到處都是，我輕嘆了一口氣，沒有力氣再爭辯或攻擊，把所剩無幾的精力謹慎地用在繼續忙著分類與打包。

也許是先生也看見了眼前的狀況，正對比著他的無所事事。他見沒戰可打，就從原本鼓起渾身尖刺的河豚戰士消氣，又變回了慈父，用溫和的口氣跟兩個兒子說：「你們去換泳褲吧！爸爸帶你們去游泳！」

早知如此，當初何必用拒絕開始呢？

男人有時候的行事邏輯，真的很讓人討厭。一開始明明就是他可以做的事，為什麼一定要把女人搞到生氣才肯去做呢？只因為他們都覺得帶孩子、做家務、照顧長輩等，都是女人的事嗎？我如果繼續這樣無限上綱的牽扯與聯想，只會越想越生氣吧？但我沒有繼續生氣，我用更快的速度收拾完行李，帶上相機，去游泳池幫他們父子拍照，讓一家四口在游泳池的波光淋漓中，再度變成有愛在流動的生命活水。

用智慧冷靜暫停紛亂的思緒很重要。我知道自己在心急又氣的情況下，亂說了話。而當先生在自我防衛冷回「好啊」時，喚醒了我的覺察，所以我用沉默與繼續工作來回應他。他看見我的忙碌與不是真心要跟他吵架後，也喚醒了自己為人父親的責任和義務，選擇讓步帶孩子們去游泳。

在衝突的過程中，為什麼人們常常會越吵越兇，甚至演變成大打出手呢？是因為「急」，急著想贏過對方，好證明我們自己才是對的。但夫妻相處，爭的不是輸贏對錯，而是要如何讓家庭的分工可以更妥善與順暢地運行。只要有人願意改變，就能改變整個衝突場面；只要有人讓步，給了台階，一定要見好就收。

三、狠話不要說

以前跟先生有爭執，或是心裡覺得很委屈時，我偶爾會跟他撂下要分開的狠話，而他往往不再接話。因為我一直覺得當初他光是看到相片就想認識我，所以我總是有著至高無上的姿態。那次他在伊斯坦堡飯店的反應，其實也讓我嚇了一跳，原來這樣的狠話，迴向到自己身上時，會是這麼難受的感覺！我才開始反省，自己以前是不是太任性了？先生對我的任性，一直是在包容與默默承受嗎？那一刻，我深刻感受到「不怕念起，但怕覺遲」這句話的意涵。

我們無時無刻不在興起念頭，但不能任性地把所有念頭都變成行動或言語對外界展露。說狠話，其實自己也不會快樂，甚至在逞一時口舌之快後，會換來無止境的痛苦，真的是很不明智的一件事。

感受與思想是自由、不受控的，但當我們選擇用言語把感受或想法表達出來時，這是一種行為。而行為，是需要受到約制的。這需要我們自己先在內在做情緒的調節，才不會出現深具破壞力的失控行為。

狠話、氣話、惡毒的話，不但對事情沒幫助，對溝通沒益處，往往還給夫妻的感情造成致命的一擊。夫妻因為相處的時間多了、久了，很容易知道對方的痛點在哪。在吵架時，千萬要記得口下留情，不要偏偏朝對方的痛點攻擊，最後兩個人都會受到傷害。

記得以前看過一篇報導提到，有位女明星的先生是二婚，她在他們發生衝突吵架時很生氣地指責先生的不對後，還脫口而出說難怪他會被退貨。沒想到她先生先是一愣，接著說：「有些話是不能說的！」說完後她先生就離開了，留下獨自陷入後悔與沉思的女明星，也讓她明白了「語言的界線」。

四、抱怨的話要換方式說

被批評時，很少有人真能虛心接受。被抱怨，往往也只想懟回去。當夫妻有一方開始尖酸起來，另一方一定也會慢慢變刻薄。但尖酸與刻薄，都不是我們喜歡的生活方式或氣氛，當心中真的有抱怨，也要換個方式說。

有一次先生運動回來，要上樓換衣服。我見他把放在樓梯口的收衣籃也一併帶上去，就到後陽台把剛洗好的衣服拿出來，想順便上樓晾衣服。走到三樓時，遇到正要下樓的先生，他說：「我正想下去幫妳拿衣服呢！」

我笑著說：「沒關係，今天我自己拿，你去吃早餐吧！」

因為先生願意主動幫忙，讓心情很美妙的我，愉快地抱著掛在衣架上很重的溼衣服，邊哼著歌邊爬上四樓前陽台曬衣服。

晾完衣服，我跟先生說：「剛才你說正想幫我拿衣服去曬，其實我好感動喔！」

他看見滿臉漾著笑意的我卻不好意思地說：「原本我是覺得很麻煩，想著又要拿溼衣服了，但看到妳已經拿上來，才順口說本來想幫忙的。」

我輕撫著他的下巴，笑著說：「謝謝你現在跟我講真心話。但剛才你的確是說要幫我，我還是很開心的。」

先生忍住了原本在心中閃過的抱怨，換了一種方式說話，也換來了妻子的好心情，是不是很神奇？

當一個人擁有良好的情緒調節能力，就像是擁有一個神奇的魔法棒。讓我們也幫自己創造一隻魔法棒，好嗎？

五、甜言蜜語要隨時說

不管是結婚多久的老夫老妻，沒有人不喜歡聽甜言蜜語，因為那是最好的催情素。

即使到現在，我仍常會用正向的言詞肯定先生在工作上的努力，在生活上的用心，連他上街採買的水果，我也覺得特別好吃。因為這樣時常鼓勵與感謝他，他會幫忙的家事也越來越多，而我們相處的模式也在游刃有餘中不斷創造出新的樂趣和活力。

如果覺得甜言蜜語太肉麻實在說不出口，那也要隨時記得說「請」、「謝謝」，這樣當配偶為你或家庭付出而得到感謝時，至少心情也是舒服愉快的。因為當我們的付出被別人視為理所當然時，其實很容易會有被忽視、被利用或是被輕慢的不舒服感覺。

六、感謝與關心的話要天天說

每天都要關心與感謝你的配偶。因為彼此的作伴，讓我們在開心的時候有人共享，在傷心的時候有人分擔，在寂寞與孤單時，知道還有個關心你的人，在旁邊默默地守護與守候。

早晨問他晚上睡得好嗎？下班問他工作開心嗎？每天這樣的噓寒問暖，不但能讓自己拼湊出伴侶的生活樣貌，也傳達了你對他的關心與在乎。

七、事情有很多面向，要挑正向的說

在孩子剛出生的頭幾年，是一個家庭最紛亂的時候，一方面夫妻的經濟還在衝刺期，另一方面是新手父母還在學習。這時要把眼光放遠來看，因為孩子會逐漸長大，混亂總是會過去。不要常常糾結在負面的地方打轉，要多聚焦在正向的那一面。

比方年幼孩子打翻東西雖然讓人手忙腳亂，心情也不好，但那可能是孩子有好奇心還有探索的能力，只是時機沒有抓好。

當有人開始出現酸言惡語的挑釁時，會讓我們感到憤怒難受與想反擊，但當對方的語言越界時，我們只要提醒對方界線並冷靜地暫離現場，其實一個巴掌就不再能拍響，這樣也不會變成毫無助益的口水戰。

而且夫妻之間好好說話，孩子也才會學著好好說話。說話的藝術，其實就是一家人生活品味高低的重要元素。平常要多去感受聽到什麼樣的話會讓自己舒服愉快？聽到什麼樣的話會讓自己難受甚至想發動攻擊呢？當帶著這樣的覺察多做練習與修正，一定會讓家裡對話的氛圍越來越健康與和諧。

夫妻關係要像翹翹板保持平衡，相互支持與關心

我們都有脆弱與疲憊的時候，希望對方可以完全接納與鼓勵。當我們可以被家人穩穩接住時，會讓人生出無形卻巨大的安全感。有一個人，除了看見你的光鮮亮麗，也能接住你的垂頭喪氣，這就是剛剛好的伴侶。

每個人都希望家庭是避風港，但大家都想避風，那誰來當港呢？當先生出現脆弱時，我們能不能接住，還是我們只需要先生當依靠呢？

當孩子陸續進入學校就學，家庭主婦的生活，確實有了一些可以自由運用的時間和空間。這時，有些先生帶著工作上的壓力或是挫折回家，看見好像在家閒閒沒事做的妻子，可能就會把在外面受的氣，遷怒到妻子身上，擺出一副老爺模樣的撲克臉。

我家先生偶爾也有這樣的毛病。我心情好的時候，會想方設法逗他開心；要是遇上自己也心情不佳，那就大家練練口才，唇槍舌劍一番。

家庭主婦最不能忍受的，就是先生擺出一副「賺錢的就是老大」的態度。

有一陣子先生因為工作上的異動，讓他壓力倍增，負面情緒全寫在臉上，我跟他說：「你心情不好已經幾天了，我可以體諒，也勸了你幾天。但你不能一直把情緒帶到家裡，讓大家都不開心。所有的事情，都是一體有兩面，想要過得開心，就要往好的那一面想，想要讓自己更上進，就要做最壞的打算。你不能弄得自己暮氣沉沉，連帶也讓家裡也烏煙瘴氣。」分析與規勸了數日，他終於逐漸釋懷。

常常有人抱怨，自己的先生不夠溫柔，不夠大方，不夠體貼。實際上看男人，他們只是婚後在家庭經營上變得比較被動，甚至會展現性格上的脆弱，因為他們終於可以卸下隨時需要戰鬥的武裝，在家裡放心地當一個平凡人，只想躺平。他們也沒有那麼多錯綜複雜的情緒，只要妳對先生好一分，他們常常就會對妳好十分。不要只期待先生可以給我們安穩的依靠，有時我們也要想，自己有沒有做到細微的觀察，成為先生最溫暖的陪伴呢？

常有人說女人要經濟獨立，才能不看先生的臉色過日子，但這只是以「金錢至上」的觀念在看生活。雖然一個家庭不能沒有金錢的挹注，但家庭要良好的運作，也不是光靠錢。這裡頭需要更多的愛與關懷在流動，才能凝聚家人的情感和向心力。

女人不一定需要獨立的金錢能力，才能在婚姻中有膽量做後盾，而是需要有獨立的身心靈。因為女人在進入婚姻前大多有工作、有賺錢能力。如果進入婚姻後，因為要照顧孩子而辭去工作，這是選擇，又不是失去能力，我們為什麼要自降位階，淪為看臉色的地位呢？女人要先看得起自己，才會被別人尊重。

現在選擇當家庭主婦的女人，很多都只是職場生涯的權宜之計，有些就是請個一兩年的育嬰假，在假期結束後無縫接軌地回到原有職場工作。

以前在職場上，我們公司第一個請育嬰假的是位男同事，他說：「因為太太是老師，有寒暑假，所以我們商量的結果，是我請育嬰假照顧小孩。」導演李安不是也在家當家庭主夫好多年嗎？夫妻相處，貴在互相體貼與扶持，共同商量出對家庭最好的運作方式，只要夫妻同心，至於誰在家顧家、誰在外面賺錢養家，兩人協商好即可。

不是有賺錢的才是老大，而是我們一起撐住這個家的所有需求，讓家變得更好。每一對夫妻都會希望對方可以亦師、亦友、亦父、亦子，有時候給我們如師長般的引導，如朋友般的同在，如雙親般的疼愛，或是如孩子般的天真可愛，而不是只依賴對方的照顧與依靠。這樣夫妻兩人的關係位階才會像翹翹板有上有下，在各種狀況時能因應不同的需求而達到新的平衡。

我們都有脆弱與疲憊的時候，希望對方可以完全地接納與包容、引導與鼓勵。當我們可以被家人穩穩接住時，那份安心與安全的感覺，會讓人生出無形卻巨大的力量。

有一個人，除了看見你的光鮮亮麗，也能接住你的垂頭喪氣，這就是剛剛好的伴侶，在婚姻中的我們，應該都可以培養出這種因應配偶不同狀況而變化角色的能力。當我們可以隨時在婚姻生活中變臉與變身，雖然有時累，但更多的會是趣味。

真愛無罪，不代表婚內出軌有理

結婚，是找個跟你在生命上攜手修行的人；
而生兒育女，則是修行的進階版。
既然這些都是你的選擇，就要勇敢承擔，這才是成熟的大人。

陷入婚姻裡外遇的男女，最喜歡說的脫詞，就是：「我管不住自己，真愛無罪！」甚至在戲劇的傳播中，還出現「在愛情的世界裡，不被愛的，才是第三者」這樣似是而非的言論。

愛情，是一種責任。特別是當愛情被選擇成為婚姻時，更是一種要對自己的選擇和誓言負全責的道德與義務。

不是所有的有情人，都可以有緣有份成為眷屬；也不是所有選擇進入婚姻世界中的人，真的今生今世只愛枕邊人。甚至，有些配偶也不一定是自己的最愛，只是選擇彼此一起生活。

然而，不論你的愛情是否從心動開始，但婚姻結合，就是要跟對方一起定下來，代表心要安定了。

結婚，是找一個跟你共同在生命上攜手修行的人；而生兒育女，是修行的進階版。我們要對自己的選擇負責，要對生我們的父母負責，要對自己負責，要對配偶負責，要對我們生的孩子負責。看起來人生都是責任，好像壓垮了我們愈來愈承受不住的身體和心靈。但是，這些都只是我們人生中的選擇而已。

既然有了選擇，就要承擔，這才是成熟的大人。

我小時候有個鄰居的大姐姐，在高中到男友家念書時，因為發生性行為而懷孕，帶球結婚後，因為被男方家人瞧不起，婚姻不幸福。離婚幾年後又交了男友，生了孩子，才發現自己竟是別人的外遇，但她已深陷其中，還生了第二個孩子。

這一連串的管不住自己，讓那個大姐姐越來越不快樂。時過境遷，也不知道她現在過得如何？

當你管不住自己時，只好讓別人來管；當你教不好孩子時，只好讓社會來教。但你願意讓社會的批評或法律的約制，將你淹沒或拘禁，甚至還要波及下一代嗎？

而且，婚姻裡的外遇事件，出軌的不一定都是男人。有位男性讀者曾告訴我，他妻子跟同事外遇，搞得全家人仰馬翻。當他們兩對夫妻，四個人面對面談判時，外遇的主角都承認自己不對，想要回歸家庭。對方的妻子選擇原諒她的丈夫，他好像也不得不選擇原諒妻子，但讓他很難受的是：「明明做錯事的是我老婆，但我們全家人卻還得對她小心翼翼，要不是為了孩子，我真的很想離婚了！」

更有甚者，有人會利用孩子成為婚姻出軌後想回頭的談判籌碼。我的朋友家美就說，原本她表哥表嫂的感情不錯，但在女兒小學時，表嫂突然執意要離婚，而且還堅持要帶走孩子。結果一年多後，表嫂想找表哥復合，他們才知道原來那時表嫂外遇，當初要帶走孩子就是想為自己留個能夠回頭的後路。但外遇的對象其實也不是真的想跟她結婚，吵吵鬧鬧一段時間，兩人就分開了。

家美說：「當初他們離婚時，我表哥像槁木死灰似的，但後來他交了新的女朋友，又再婚了，人家現在很幸福，怎麼可能會重新接受前妻呢？我只是覺得女人搞外遇，其實很傷又很傻，最後常常兩頭落空。而且男人要變心，真的也很快啊！」

研究不忠婚姻的世界級專家雪莉．葛拉斯博士，她的研究可以用兩個名詞做總結：「窗戶」與「高牆」。在你結婚或者進入一段認真交往的關係之後，在理想的情況下，你會在彼此周圍築起一面高牆，隔絕著外界的紛擾與誘惑；同時也會在只有你們兩人的世界打開一扇窗戶，讓彼此的想法可以做溝通與交流。

婚姻不只是童話故事的終點，更是夫妻一起面對現實生活考驗的起點。你的婚姻裡，有隔絕外界干擾與誘惑的高牆嗎？有確保良善溝通與互動的窗戶嗎？

這十幾年藉由網路無國界的搜尋與聯繫，不少人找到了以前的同事、同學，連帶也出現了前男友、前女友。前緣再續好或不好呢？我沒有前男友，先生也沒有前女友，我們的婚姻沒有出現這種挑戰，但我的朋友圈對這種話題可是討論得沸沸揚揚。

當同學中有人曾經是情侶又分手的狀況，開同學會時會如何？有人選擇迴避，避免尷尬，也避免現在的配偶起疑或不舒服；但也確實有人在見到前情人後，重新連絡，讓現在的家庭出現紛亂。

年輕的時候選擇配偶是想要安定，人到中年卻在安定中想要尋求年輕時的刺激感覺，這到底是一種進化還是退化的心智呢？只能說人心的複雜與矛盾，不是文字所能盡述的。但不管是舊愛還是新歡，都不該是選擇婚內出軌的藉口。不要讓曖昧的接觸造成配偶的不舒服，畢竟成熟的大人，應該做到不破壞自己或是別人的婚姻。

如何擁有不為錢煩惱的老後？

賺錢很重要，但更重要的是要懂得如何理財。
每個人對金錢的敏感度不同、需求度不同。
但是如果不會理財，財也不會理你。

現在夫妻大多兩人都有工作，除非在結婚前就協商好要如何支配彼此的金錢，不然大多是每人分擔一些家用，其他都是各管各的。直到需要大筆開銷，比方要買房子時，才會詢問對方是否有積蓄等。但如果可以更早一點達成理財的共識，其實更好。

也有些原生家庭的手足羈絆很深，難免會對後來自己新建立的家庭造成影響。像我就有個女性朋友，一開始也是夫妻各自理財，但當他們想買房子時，朋友這才發現她先生不但沒有積蓄，還欠弟弟妹妹錢。原來先生對金錢毫無概念，再加上又是長子，從開始工作後就會給手足零用錢，等到自己沒錢跟他們周轉時，對方還要他寫借據，這才會積欠債務。於是太太跟先生商量，先用自己的錢幫先生還清欠款，也告知弟弟妹妹他們都已長大也有工作，以後大哥不會再給零用錢。在她幫先生管錢幾年後，終於存到買房子的頭期款。

當然，夫妻雙方由誰負責處理財務問題並不是絕對的，因為也有妻子只會花錢卻不懂理財。我就曾聽聞過一個例子：一對夫妻在婚後原本也是財產各自管理，但先生因為升上主管職，需要做夫妻的財產申報時，才發現工作將近十年的妻子幾乎沒有存款，一直過著賺多少花多少的日子，這也讓他嚇了一跳地跟妻子長談，談出理財的共識。

一個家庭要如何支配家庭的收入呢？每個家庭都有不同的模式。有些人注重口腹之慾的享樂；有些人喜歡去旅行看世界；有些人在乎補習進修買書充實知識等，但這些都是小額的花費。一個家庭最重要的支出往往是房貸、車貸、保險費、水電瓦斯費、家用和理財的規劃等支出，這些費用或投資要先在所得中扣除，其他像是追求生活中小確幸等的娛樂休閒支出，要在必要費用之外才做分配與規畫。最好的做法就是明確記帳，才可以清楚知道家裡的錢都花在哪裡了。

新婚夫妻在結婚前幾年往往很難有結餘，甚至常常會過上入不敷出的日子，因為收入少但開銷大。但是隨著工作年資的增加與收入的穩定成長，必須在扣除必要支出後學習做理財與投資，才可以為子女的教育資金或是夫妻的退休生活預做準備，而不能有多少花多少地只想一味享樂。尤其當突然的意外或是疾病發生之際，更要靠金錢來救援，才能讓被破壞的生活，再慢慢恢復穩定。

我跟先生在研究所畢業開始工作後，就一起投資基金。在我們結婚要裝潢新家與添購家具等用品時，即陸續分批將這些基金贖回運用。另外，我們也存有半年的生活備用金，以備不時之需。

我以自身的經驗，提供夫妻在理財時可以考慮的幾個面向：

一、扣除生活預備金後，多的才做理財。

每次樂透彩的彩金創新高後，總會掀起一陣購買的狂潮。大家都希望自己是一夕致富的幸運兒，只是這種機會卻總是在別人身上實現。倒不如把收入扣除必要支出和生活預備金之後，做理財的規劃，逐步實現財務自由的理想，才是王道。

理財的第一步，一定是要先存錢。像我在大學畢業後工作，除了給父母家用和生活必要開支外，就會把錢存起來；此外，還跟著姐姐學習買股票、基金，甚至跟會。

在存到補習費和念研究所的學費後，才辭掉工作補習考研究所。投資自己，也是一種理財觀念。

二、不投資不熟悉的商品。

所有的投資都帶有風險。報酬越高的商品，同樣要承受越高的風險，而過去的績效，也不保證未來的獲利，所以不要投資不熟悉的商品，也不要重押單一商品，更不能把自己的存簿印章等重要物品，交給理財專員保管。

市面上關於投資理財的書籍和訊息也很多，可以選擇適合自己的資訊做深入研究。

三、隨時檢測與設定停利、停損。

投資理財不是放著不管就好，必須隨時檢測自己投資理財的狀況。

在投資時我們常常在乎可以賺多少，卻沒自問可以承受賠多少，或是股票被套牢了就驚慌不已。其實這些風險，都需要我們隨時檢測注意市場訊息，並且設好停利和停損點，及時獲利了結或是認賠出場。

四、不做可能連累到家人的擔保或借貸。

親朋好友之間難免有急難需要周轉，或是擔保的事宜發生，但也要經過審慎的評估，這就跟投資理財一樣。

救急不救窮，親友臨時需要現金周轉可以幫忙，但不能老是替同樣的親友周轉。更不可把生活預備金都拿去救濟別人，卻讓自己的家庭生活陷入風險之中。

五、不輕易相信別人報的明牌或建議。

現在報投資明牌、詐騙的資訊都很多，千萬不要輕信別人靠什麼投資很容易獲利這種事。即便是在銀行上班的理專，也曾出現打著銀行理專的名義行詐騙之事，直到有受害者覺得不對勁去檢舉，才被媒體揭露。

賺錢很重要，但更重要的是要懂得如何理財。特別是這幾年疫情肆虐，有些人突然就失去工作、失去健康，更凸顯平常就要有積蓄與理財觀念的重要性。

每個人對金錢的敏感度不同、需求度不同。但是如果不會理財，財也不會理你。你不學理財沒關係，至少家裡的其他成員要懂得規劃財務，不然很容易就陷入「貧賤夫妻百事哀」的困境。

第2章

成為母親之後

——【人母篇】

萬能的母親，會讓父親失能

聰明的母親，要把做個適合孩子父親的機會與練習還給他自己。
當家庭每個成員都可以健康而正常地互動和交流時，
這些愛的能量，才能把家帶往更好的方向。

有個廣為流傳的笑話：孩子常會纏著媽媽問東問西；但當孩子開口問爸爸問題時，往往只有一句話，那就是：「爸爸！媽媽呢？」

結婚前，在社會價值的認定上，男女雙方的差異普遍不太大。但結婚後，男人安定下來，開始在事業上衝刺，女人卻開始為家務忙碌起來，特別是孩子陸續報到的那幾年。為了安心陪伴孩子成長，女人或許還會選擇放棄工作，回家照顧孩子，而男人在家中的功能，則會因為逐漸被邊緣化而越來越失能。

做為家庭主婦，我們總考慮先生賺錢養家很辛苦，幾乎把家裡所有的事全盤包下，這樣好像才得以平衡自己沒有工作賺錢的愧疚之感。結果，我們弱化了先生，只讓他負責賺錢，就像我們弱化了孩子一樣，只讓他讀書就好。但我們卻越來越強化自己在家庭裡的角色，直到家庭功能逐漸失衡，才發現問題的癥結，原來是在自己身上。

我就有好多當家庭主婦的朋友，在發現先生變成茶來伸手、飯來張口的馬鈴薯人之後，才驚覺態勢不妙，於是開始帶領先生分工家務與照顧孩子。

家庭裡的每個成員，都是讓家庭可以幸福運轉的重要一員，沒有人應該被忽略、被邊緣化。而母親這個角色，也不應該強大到無法取代。

在初為人父母時，我先生也很認真地學習育嬰知識，學習要如何抱嬰兒和換尿片。只是孩子睡在我們的床上，他怕不小心會碰著了，我也擔心他睡不好，每天還要跨縣市開車通勤，所以三人共眠沒幾天，就讓先生自己睡一間房。

當第二個孩子出生，先生能幫的忙更少了，因為當媽媽的我已經一回生，二回熟，所有的事都自己來做，反而既快又好，小事從換家裡燈泡，大事到換屋搬家，先生都不需要動手，只需要配合就好。

忙碌的育嬰生活，讓我連喘息的機會都沒有，更別提細心思考夫妻雙方在家務分工或是跟孩子相處上，有沒有什麼不協調的地方。直到我因為生病，小兒子卻不讓他爸爸帶他去上才藝課，先生無奈到提議請假，我才發現我們母子三人，跟先生是生活在看似一樣、實則完全不同的平行世界，我應該早點讓先生跟孩子建立更多情感互動與陪伴的連結。

在育嬰上，初為人父的爸爸起初也都是有熱情的，想積極參與並且力求表現。但可能因為他們的反應慢半拍，或是被另一半嫌笨手笨腳，到最後常常就會被媽媽包辦所有的事。

當母親愈來愈強，父親就漸漸被邊緣化。當他們習慣被邊緣化之後，忙碌又失控的女人，再回過頭來怨懟先生不幫忙，其實也有點不公平。更慘的狀況是，當先生無法融入家庭氛圍時，卻找到了向外發展的藉口。

家庭功能會失衡，都是從小處開始，所以要防微杜漸。

為了重新調整孩子和先生的相處模式，我開始刻意多製造讓他們有單獨相處的時間與機會，像是讓先生參與孩子的接送，也讓他們彼此直接對話，自己不再做傳話者。當兩個兒子還在幼兒或小學低年級的階段時，先生會在假日帶孩子們去公司加班。兒子們一方面可以看看爸爸的工作環境，也可以跟爸爸更親近。我獨自在家做家務或寫文章，也可以更有效率。

我發現，當孩子多跟父親接觸，家庭幸福的感覺增加了，孩子們跟父親的互動也自然活絡了，一家人的向心力與凝聚力都超越了從前。

有一次在先生看到我換燈泡的機緣下，讓我教他學會了換燈泡。（是的，我先生在這之前是不會換燈泡的。你家先生會換燈泡嗎？）等到兒子們的身高超越我，我也教他們換燈泡。現在，他們也會換蓮蓬頭的舊水管。我們甚至還曾一起上網查詢如何換家裡壞掉的喇叭鎖，當新的鎖裝好後，好像也開啟了家人一起解決困難、讓家變得更好的經歷。這種真實的幸福感覺，是來自一家人一起的努力與付出。

沒有人天生自帶魔法棒，能把壞掉的東西變好，把不愉快的心情變不見。但當家人一起腦力激盪，一起進行情感交流，就會匯聚出能量，成為家庭的魔法棒。

有很多夫妻都經歷過偽單親的生活，因為先生的工時長，在孩子小時候每天都早出晚歸，親子一整天都碰不上面。原本我先生的工作型態也是如此，直到我們搬到離他工作比較近的地方居住，他會趁休息時間回家看看兒子們，免得孩子以為自己沒有父親，只有媽媽。

有位也是擔任老師的同事曾告訴我：「前幾天輔導老師突然問我，孩子在填寫家庭狀況時寫自己是單親，是發生什麼事嗎？原來我女兒常常看不到爸爸，她以為這樣就是單親。」

盡量縮短家人不在一起生活的時間，畢竟家人要共同生活，才能產生是「一家人」的感受。如果家庭出現夫妻分隔兩地的狀況，帶孩子的一方，更要多讓不在身邊的那一方，透過視訊或是其他方式和孩子培養感情。

孩子是父母所生，自然也需要父母的愛來做灌溉。雖然男人不擅育嬰，也不擅表達對孩子們的情感，但他們的內心也跟媽媽們一樣，想好好愛孩子，陪伴孩子健康快樂成長，只是他們從小就缺乏情感的表達與引導。

而父親為人父母的自覺，也確實比母親更晚出現。母親在懷孕時，就深刻感受到她對這個新生命的責任與情感；但父親卻得在孩子出生後，才能慢慢學習為父之道。

聰明的母親，要把做個適合孩子父親的機會與練習，還給他自己。像現在年輕的爸爸們，會常把孩子掛在胸前帶著散步，或是在公園不時會看到爸爸陪孩子玩遊戲的畫面，這些都是父親發揮神隊友功能、參與育兒的表現。

雖然媽媽常是家庭的運作軸心，但媽媽一定要記得要讓配偶和孩子們也建立起雙向的互動關係，而不是所有人、所有事都匯向媽媽，一旦失去媽媽的協助，整個家就都亂了套。當家庭每個成員都可以健康而正常地互動和交流時，這些愛的能量，才能把家帶往更好的方向。

當「女兒賊」的幸福

嫁出去的女兒，只有在媽媽面前，可以不用活得那麼戰戰兢兢。
當她們回娘家時，母親常會張羅許多東西讓女兒帶走，
這其中更隱藏著母親沒說出口，卻藉由物質來表達無形的愛與關懷。

未婚前，不是每個女兒都跟媽媽保有良好的關係。但很多女兒在結了婚、生了孩子以後，常會開始努力修復跟娘家媽媽的關係。因為當了媳婦，才知道身為媳婦的難為；做了母親，才明白成為母親的不容易。

在我未婚時，已婚的同事跟我說她是「女兒賊」。當時我第一次聽到這個名詞，很好奇地問道：「女兒怎麼會是賊呢？」

同事笑嘻嘻回道：「每次回娘家，我媽都會幫我準備很多東西帶回去啊！不管

是吃的、用的都有。等到孩子出生了，她還會幫忙買孩子的東西讓我帶回去。我們這些嫁出去的女兒，都很習慣接受媽媽這樣做，有時候媽媽沒準備東西，我自己也會拿走兩包娘家的衛生紙，覺得這樣也算是賺到了。」

等到我也結婚回娘家，媽媽忙著張羅東西讓我帶回去時，我才終於明白女兒賊的真實感受。嫁出去的女兒回娘家後帶走的，不僅是有形的物質，更多的是母親沒有說出口，卻藉由物資來表達無形的愛與關懷。

媽媽對女兒的愛，在女兒也變成媽媽之後，特別有傳承幸福的味道。

以前父母表達愛的方式很含蓄，不太會把愛說出口，但會透過準備孩子喜歡吃的東西、可能用得到的物品，甚至把一些錢藏在物品之中（因為有些媽媽擔心會傷害孩子倔強的自尊心），來傳遞對子女的在乎與關愛。

我很幸運，不僅是女兒賊，也是媳婦賊，婆婆也喜歡準備東西讓我帶回去。這是經由多年委婉的相處態度，以及婆媳彼此的自省與反思，才得到的結果。

我生兩胎都是回娘家做月子。媽媽不會堅持傳統的觀念，她會聽我的需求，配合我的身體提供膳食與協助，並且盡心盡力幫忙照顧新生兒，讓我可以充分休息和觀摩新生兒的照護，既安心又放心。

做完月子後回到職場，因為工作太忙，身體又還沒復原，加上長子是高敏感兒，外婆的身心無法負荷照料。在孩子四個月時我選擇離開職場，成了全職的家庭主婦。

因為我身體狀況不好，娘家媽媽常常幫忙，但婆婆卻希望我不要太依賴娘家。有娘家可以給予協助，有什麼不好呢？雖然當時我不明白婆婆的用意，但我也只是盡量聽從她的意見，沒有反駁。

然而日後我慢慢體悟到，有些婆婆之所以不喜歡媳婦回娘家，也許或多或少有些嫉妒的心態吧？因為她們會擔心孫子只跟娘家的人親。其實這樣的顧慮真的是想太多了，孩子多接觸不同的人事物，對他們的成長是好事。而且，多一個人愛孩子，孩子就多一種幸福。

後來我的小嬸生孩子時，她娘家的媽媽幫不上忙。婆婆原本想幫小嬸坐月子，但她試煮月子餐太辛苦就放棄了，改讓小嬸住月子中心，但未做滿一個月就回家了。因為小叔與小嬸住在公婆舊家，就在公婆住處的附近，婆婆還幫忙照顧產婦和嬰兒幾天，才平安做完月子。

當小嬸休完產假回職場上班，孩子交給保母帶。保母是姻親，就住在婆婆住處的樓上。每當孩子哭鬧的動靜大了，婆婆就會上樓關切一下。也許是這些育兒的瑣事，喚醒她以前養育兩個兒子的疲憊回憶，繼而也想起當初我懷孕安胎生產的辛苦，以及我有娘家媽媽幫忙的萬幸。

其實，很多婆婆已經不記得自己剛當媳婦時的心情；或是媳婦剛生孩子時，如果婆婆沒有參與育嬰，也早就忘記帶baby的辛勞與壓力了。就像是我們歷經完懷孕與生產的艱辛與痛苦後，也是事過境遷就拋諸腦後了。

娘家，是已婚女人最好的後盾和心靈充電所。有娘家疼惜、支援及協助的媳婦，是幸運且幸福的。畢竟，婆婆不是媽媽，只有在媽媽面前，可以不用活得那麼戰戰兢兢，那麼辛苦、那麼累，因為回娘家往往是充電，但在婆家，媳婦都會害怕被電。然而所有的媳婦，都是從女兒長大的；所有的婆婆，也都是從媳婦熬成婆的。婆媳都該彼此善待，因為女人的辛苦與疲累，只有女人能懂。

女人一生要扮演的角色多元又繁重。做人家的媳婦，更有很多看不到，卻真實存在的隱形壓力。但當女兒這個角色，卻是心情最自在與放鬆的時刻。

如果妳生長在重男輕女而不被娘家疼惜的氛圍中，我相信這樣的娘家會讓妳覺得辛苦，甚至想逃離，但卻又好想跟爸媽有更親近一點的關係吧？只要娘家的父母還在，還是有機會跟他們重新建立起和諧的互動與關切，而這要靠新時代的思維來努力。因為只要我們可以用成熟的心智和情緒看待生命的歷程，就能夠感謝過往的經歷總是滋養了我們的生命，讓我們有能力先從愛自己開始，把自己的心變成娘家，等我們的心夠強韌壯大與具有彈性，就可以回過頭，好好地愛娘家人了。

當妳的愛出自於心甘情願而不是被勉強，也不是被要求時，在付出愛時，妳自己也會被這份付出的愛所滋養。

撒嬌，能讓婚姻從苦瓜變成巧克力

在婚姻生活中，有很多的壓力與考驗，
如果不能偶爾膚淺與幼稚一下，重溫談戀愛時的傻氣與痴萌，
愛情之花很快就會枯萎與凋謝。

當甜蜜的兩人婚姻生活，出現了合法的第三者時，孩子的加入，往往才是婚姻是否牢靠的第一個考驗。

很多女人在當了媽媽以後，就開始變成難以取悅的女人。因為在媽媽的心裡、眼裡、嘴裡，都只剩下了孩子。凡事以孩子為第一考量的媽媽，不但忽視了自己，也漠視了先生。那個兩人的愛情結晶，不但沒有讓愛情變得更甜蜜，反而成了引爆婚姻危機的引信。

孩子的出生，一定會影響婚姻生活，但在家庭的序位中，夫妻關係才是重要的核心。夫妻雙方要進行良善的溝通，把對孩子過度的操心與擔心，抽一點出來變成愛心，變成關心自己和配偶，因為孩子終究會長大飛出夫妻的世界。

女人當了媽媽，常常為了持家而省錢，但千萬不要因為這樣就省掉了自己的笑容與幸福。即便當了媽媽，也不要拒絕先生對妳的寵愛。當他願意花錢買好東西給妳吃，買好東西給妳用，帶妳出門去旅行時，表示他還把妳放在心上很疼惜的位置，千萬不要斤斤計較他太浪費錢，還擺臉色給他看，嘮叨要他把錢省下來，這樣做就像對先生的熱情澆了盆冷水，沖熄他的疼愛。

以前，我對3C產品興趣缺缺，對智慧型手機更是沒有需求，但姐妹們一直跟我說用line很好聯繫，就在先生決定換新手機時，我接收了他淘汰的智慧型手機。新手機用了兩年多，先生突然又說要帶我去買一隻新的IPhone，因為他想拿我的舊手機去抓寶可夢。這個理由雖然牽強，但我接受了。於是我們一起去門市，選手機選費率，當天就拿到新手機，孩子很開心地幫我下載各種需要的軟體。

有一天，我剛好看見介紹IPhone的文章，原來已經出來好幾代。我好奇地問他：「IPhone有好幾型，我的手機是哪一型啊？」

他笑著說：「是I7，I7是愛妻，懂了嗎？」

原來，他一直要帶我去買的是I7！這個愛妻宣言，他不但不明說，還可以一直忍著直到我的好奇心被打開才發現。這個雙魚座的男人，是浪漫，還是不夠浪漫？

其實婚後的浪漫更需要靠我們用心去體會，或是刻意練習記住，這樣才可以在當對方惹我們生氣時，把那些一起相處的浪漫時光取出滅火。

天生陰陽，是為了相輔相成，而不是相生相剋。在婚姻生活裡，女人要快樂，就要發揮女人的強項，要懂得撒嬌，懂得以退為進，千萬不要跟先生硬碰硬。女人很難強過男人，因為男人天性好戰、好鬥、好勝。女人即便強壓過去贏了，最後卻會輸了感情。

其實在男人的世界，也是勸先生要讓妻子。妻子不要覺得總是自己委屈喔！不然大家就不會要求先生逢年過節要「安太座」了。

我以前也不懂得撒嬌，直到婚後生了孩子要先生幫忙做事，發現用命令的方式，常會弄得大家都不開心，在變通用撒嬌的方式後，卻會讓僵硬的氣氛出現變化。現在連先生都會偶爾撒嬌，讓我們也更懂得撒嬌的示弱，其實也是示愛的一種方式。

我喜歡，有時候先生跟我喊著「好累啊！」，那卸下一天辛苦的撒嬌，讓人覺得他真的停入了安心的港灣，可以放下男性的奮鬥與武裝，只是想要討個抱抱或拍拍。他的累，我懂。

我喜歡，生活就是這麼雲淡風輕地走著。艷陽天，我們可以去戶外逛逛繞繞，享受陽光的熱力與暖意。下雨日，我們可以在家裡，聽著落雨的滴答唱吟，各自做些自己喜歡的事。朝起夕落，十數年也恍若一日，他變的不多，我的改變也不大，但第二個孩子的身高，卻已經超越了我。

回想前幾年在母親生病期間，我常常在家一個人默默以淚洗面。有天先生出門上班前看見我因擔心母親而流淚，他說：「想哭，就到我的懷裡哭吧！」在先生的懷裡當個被保護的小女兒，那是種就算天塌下來也有人擋著的幸福感。

這些我喜歡的生活方程式，是我們為婚姻裡的愛情加溫，也是對彼此的寵愛與疼惜，相信你也會有你們喜歡寵愛對方的方式。

平常我和先生聊天的話題除了孩子，更多的是彼此的想法和感受。在兩個兒子都上學後，先生有時會安排一天休假，我們可以去逛街、看電影、吃美食，重新感受只有彼此的甜蜜約會。在防疫期間，因健身房停開，我跟先生更是養成每晚出門快走的習慣，這近一個小時的相互陪伴，不管是刮風還是下雨，是酷暑還是冷鋒過境，都讓我們有了更多的共感時刻。等到孩子更大一點，我們也計畫著安排兩個人的旅行，也不擔心當孩子離家後，會變成相視無言的沉默空窗期，因為我們一直有愛在交流與對談。

不要想把每件事都做到最好，夠好就好

家事永遠也做不完，而且永遠也做不到一百分。
既然如此，就把全心全意放在家人身上的心力與時間，
撥出一些來觀照自己吧！

沒有時間照顧自己的媽媽，很難當先生快樂的妻子。

曾經有超過三年的時間，為了照顧孩子，我不曾去洗牙、做臉、上美容院等。而且不光是沒時間打理外在，也沒時間關照自己的內心。每天忙不完的家務，連好好睡一覺都是奢求，還敢企圖做什麼「做自己」的美夢？

但這句話說得好：「時間跟乳溝一樣，都是擠出來的。」當孩子們熟睡後，我可以讀些書，寫些文章。當看見自己的文章在報章雜誌或網路上發表時，就覺得

內心得到小小的慰藉，我好像又為自己活了起來！也許我沒有在物質享受上重視自己的需求，但我在心靈世界中得到淨化與提升，而平衡了內心的起伏與失落。

孩子終究會有脫離尿片和奶瓶的一天。日子在忙碌中快轉了幾年，待孩子們陸續上學以後，我終於也得以有更多時間關照身心，而外表的打理，確實也會為人帶來內心的歡愉。

家事永遠也做不完，而且永遠也做不到一百分。既然如此，就把全心全意放在孩子身上的心力與時間，撥出一些來觀照自己吧！你可以用這樣心態面對家務：

一、家事永遠做不到一百分。

總是有忙不完的家事的生活型態，曾經讓我很挫折。尤其是家裡有嬰幼兒的時期，玩具永遠收不完，書櫃永遠不夠裝。我們都不是千手觀音，忙著應付和處理孩子的需求與突發狀況都不夠了，哪裡還有時間把家裡打理得井然有序又一塵不染呢？

以推廣「斷捨離」概念而聞名全球的收納教主近藤麻理惠，在生下第三個孩子後就坦承，整理術會暫時成為她生活中的次要事項，而且現在她家非常混亂，她表示：「身為收納師，過去我會盡力保持家中的整潔，但現在我已經有點放棄了。因為我意識到，對我而言，最重要是在家享受陪伴小朋友的時光。」

也許等孩子長大離巢了，家裡就能明亮整潔的如同飯店。但如果現在孩子還在成長期，就放過自己吧！

二、偶爾外食也沒關係。

在孩子還小時，我幾乎餐餐自己煮，一整天好像都離不開廚房。只有放假時，選擇出門打牙祭，才可以不再為料理三餐煩惱。

現在孩子們比較大了，我也不會天天自己下廚，一周外食幾餐也無妨。因為我不是廚師，實在沒有那麼多新奇的菜色可變換。孩子有時也會想換換口味，甚至晚上有其他安排而未在家吃飯。偶爾叫外賣外送，就當作是活絡經濟，也省得收拾、洗碗筷。

此外，當孩子越大，可以跟家人共餐的機會就越少，讓用餐氣氛愉快溫馨，比吃什麼更重要。

三、家務也可以外包。

如果經濟許可，你也不介意有外人來家裡打掃，把家事外包，其實是不錯的選擇。現在有很多鐘點服務的家事達人，不管對職業婦女或是家庭主婦，都可以提供不同的幫助。

當你把時間花在賺錢上的成效，高過把時間花在打掃上時，就花點錢讓別人幫你維持居家環境的品質。

四、安排孩子做力所能及的家務

家事由全家分工合作，才會有「我們都是一家人」的參與感。可以教導孩子做他能力所及的家務：如打掃、拖地、摺衣服、丟垃圾，甚至是料理食物等，這樣孩子也才會知道生活的真實樣貌。像是過年回公公家時，剛考完學測的高三長子因為心情放鬆了，還會幫忙下廚，就是因為他以前有在廚房幫過我忙的經驗。

媽媽這個角色，是家庭主要的運作軸心。媽媽的情緒，也牽動著家人的喜怒哀樂，如果神經緊繃，會連帶讓家人也焦慮不安。曾經就有個長輩跟我說：「我太太一天到晚在家裡要拖地，常常弄得我神經緊張。其實一天拖一次地已經夠了，她卻隨時想拖就拖，還叫我不要到處走路，這樣已經是過度潔癖了！」你也落入信奉潔癖的迴圈中，在家不停地打掃嗎？

以前的家庭因為生養多，媽媽大多把時間花在照顧孩子上，等到孩子長大離巢突然失去生活重心，其實是很可怕的事。現代媽媽不但在成為母親前學經歷比較好，也因為心理學的普及，懂得注重自己的心理健康，這是個好現象。大部分的孩子，尤其是女兒，多半是吸收媽媽的情緒長大的，媽媽的身心健康，內在安定，就會具有把起伏情緒恢復至穩定狀態的能力，這樣家庭的氛圍也自然會舒服而愉快。

給孩子愛，比講求公平更重要

身為母親，不需要時時檢討自己對孩子是否一視同仁，因為「愛」不是可以量化的東西。至於有形的物質追求與比較，每個人要的本來就有差異，否則在強調給予孩子物質公平的比較中，會模糊了愛的真諦。

父母對孩子到底需不需要公平？或是強調公平到底有沒有意義？

未婚前，我從來沒有想過父母對待我們六個手足是否公平，只因為從小到大我總是聽到別人說：「妳的爸爸最疼妳，因為妳是妳們家最漂亮的孩子！」也許這句話讓我覺得自己已經是家裡的既得利益者，我擁有這些就夠了，而不會去想我缺少什麼，也不會去爭，我過著父母給我什麼我就接受什麼的成長歲月。

訂婚後，我開始跟未來婆婆有比較密切的接觸後，我發現一件很奇妙的事，那就是：婆婆常常會在跟我的對談中強調她對兩個兒子很公平。

對兩個兒子都很公平？但到底什麼是公平呢？

當一個家庭多了個新的孩子，原本只有「先生對太太」和「太太對先生」的兩種關係，但新加入孩子後，就多了孩子跟爸爸有關係的聯結所產生的感受，以及跟媽媽有關係的聯結所產生的感受；也有從媽媽視角出發的跟孩子關係連結所產生的感受，當然爸爸心中的父子關係也不會跟孩子所感受的一樣。同時，父、母、子三人間還會出現微妙的三角關係。由此可知，這樣的關係是多麼複雜，且會因人感受不同而異。

如果一個家庭不只一個孩子，而是有兩個孩子呢？

先看兩人關係：

爸爸跟媽媽、爸爸跟大孩子、爸爸跟小孩子。

媽媽跟爸爸、媽媽跟大孩子、媽媽跟小孩子。

大孩子跟爸爸、大孩子跟媽媽、大孩子跟小孩子。
小孩子跟爸爸、小孩子跟媽媽、小孩子跟大孩子。

還有三角關係：
爸爸跟媽媽跟大孩子、爸爸跟媽媽跟小孩子、爸爸跟大孩子跟小孩子。
媽媽跟爸爸跟大孩子、媽媽跟爸爸跟小孩子、媽媽跟大孩子跟小孩子。
大孩子跟爸爸跟媽媽、大孩子跟爸爸跟小孩子、大孩子跟媽媽跟小孩子。
小孩子跟爸爸跟媽媽、小孩子跟爸爸跟大孩子、小孩子跟媽媽跟大孩子。

所以，尋常的一家四口兩個大人兩個小孩，從不同的主角出發，衍生出的就有二十四種關係。

我的原生家庭有六個孩子，加上父母算起來八個人，就有兩百多種關係。而婆婆的原生家庭有八個手足，再加上父母，就有十個人，如果每個人都從自己當主角，發展出的關係加總起來更有三百多種。哇！這麼複雜的人際交流與互動，在一個家庭裡天天發生，還要分配大家有限的資源和時間，而父母只有兩隻手，一天也只有二十四小時，可以想像父母不是壓力山大嗎？

至於我婆婆，她是家中八個孩子中唯一沒有念大學的，因為她不擅長讀書，但運動神經優異，原本可以保送師大體育系，卻因為她父親覺得念體育沒有前途而反對。也許是無法升學的這個殘念讓她很要求孩子的成績，也或許是她心中覺得父母不夠公平的陰影讓她覺得自己要做個公平的母親。

有時候一直在強調公平的人，往往是因為他發現自己的所作所為其實根本就不公平。我跟先生還在交往的時期，婆婆曾出旅費讓他帶公公去美國玩。在這件事經過多年之後，他突然想起小時候父母只帶弟弟出國旅遊，而讓他留在家陪奶奶。弟弟念大學時，父母也出錢讓弟弟去美國玩。當初讓他帶父親出國遊玩，可能是擔心大兒子以後會覺得母親只偏愛小兒子，所做的補償吧！

在我剛結婚那幾年，婆婆其實對我跟先生有諸多要求，例如很早以前她在外縣市買了兩間房，一間給我們當新房，另一間是要給小叔未來婚後使用，她說給我們當新房的房子，如果我們不住就不能租也不能賣，因為她以後要留給孫子。但小叔準備結婚前，不願搬到公婆在外縣市的房子居住，婆婆卻選擇讓步，還煩惱著要如何在老家附近幫他張羅新房。

我的父母從來就沒有在我們面前強調他們對孩子是否公平，但我們六個手足卻都有各自被父母疼愛的記憶，這些被愛的記憶也讓我們具有自我價值感。即便在父親過世的法事中，四個兄弟姐妹聊著父親比較偏愛誰的話題，大家爭了一輪，才發現最被父親疼愛的二哥和我缺席，彼時二哥已往生，而我則是因在家安胎。但奇妙的是，他們在那場半開玩笑的爭論中，也發現自己在父親心中有不同的位置與重要性。

擁有被父母疼愛記憶的孩子，就接收到了愛的能量與能力，這樣他也會學著愛自己與愛別人，而不是一直跟著外面要公平吧？

也許是婆婆太常在我們面前強調她很公平，反而會讓先生回憶起很多童年其實不那麼公平的事，但他小時候也沒有在意這件事，畢竟父母仍給了他很多的關懷和愛。

父母為什麼要把自己推進追求公平的陷阱中呢？孩子的年齡階段不同，性格特質不同，甚至是健康或生病也都會有不同的照顧需求，我們不是要做公平的父母，而是要給孩子適合的愛與發展機會。

成為母親之後，我沒有在「自己是否公平」的這個問題中打轉，而會思考我有沒有給予孩子當下最需要的幫助。我也會透過觀察孩子喜歡什麼，引導他們說出心中的想法，表達感受。

前一陣子全家重新粉刷，也把住了十幾年的房子裡的東西進行斷捨離的清除。高三的哥哥看著弟弟的房間說：「這個房間好大啊！」

我說：「我們一搬來就一直住在這個房間，東西好多，現在東西清出去真的好大啊！你會覺得弟弟住大房間不公平嗎？」

他說：「不會啊！是我自己要搬到別的房間的，而且我念大學就搬出去了，我的房間也很好啊！」

給孩子好好發展自我的機會，教他們學習如何選擇與承擔，這些事情比給孩子一樣的東西，可能是比「公平」更好的幫助吧！

做為一位母親，真的不需要時時檢討自己對孩子是否一視同仁，因為「愛」不是可以量化的東西，那是一種願意花時間的關心與陪伴，在跟對方全心全意的互動中，彼此有著甜甜與溫馨的感受。至於有形的物質追求與比較，每個人要的本來就會有差異，母親大可以拿掉心中那把尺，就不要再比公不公平了。執著於強調物質公平的比較，反而會模糊了愛的真諦。

當孩子讓你心痛受傷，不代表你是失敗的媽媽

「媽媽，妳是全世界最棒的媽媽！」我想把這句話送給每一位母親。因為上帝照顧不了這麼多人，祂才讓每個人都有媽媽照顧，如果沒有媽媽的懷胎與誕生，我們也都無法出世為人。

剛當新手父母時，其實很容易產生挫折感。比方說一開始的母乳量不足，會讓母親懷疑自己根本就不是好媽媽；當孩子的奶餵了，尿布也換了，孩子還是會哭時，我們又找不出到底哪裡沒有做好時，更是被眼前這個還不會說話的小東西，搞得完全喪失自信心。

記得當初我只有老大祐亨時，只需要滿足他一個人的需求。我覺得我們每天都過得挺快樂的，雖然他是一個對任何聲響都很敏感的孩子，又精力無窮地把房

子玩得像天天被轟炸一樣，但因為他年紀小，需要的睡眠時間多，我還有能力在他睡覺時把家務整理完畢，迎接他下一次的破壞。直到我決定生養第二個孩子時，我發現我開始有力不從心的感慨。

懷第二胎的身體不適，讓我不得不吃藥與盡量躺下休息。雖然我跟孩子說媽媽需要休息時他大多數都很聽話地在一旁玩，但總還是會有不肯配合的時候，那時我都會覺得自己不是個健康的媽媽，無法給孩子最好的照顧。

還記得有一次祐亨要我陪他玩時，我正不舒服地躺著，但看著孩子哀求的眼神，我坐起來叫他拿一本書過來唸給他聽，他聽我唸完後就自己拿去看。我突然覺得有點心疼，伸手想摸摸他的小臉蛋，沒想到我的手突然被他的小手一把撥開。我愣了一下，原先以為他是在生我的氣而討厭我，差一點出現自怨自哀的愁緒，後來卻發現孩子只是在專注地看著他眼前的書。原來他不是討厭我的碰觸，而是我的碰觸打擾到他。在那一刻的交流中，我深刻體會到我們只是協助孩子長大的大人，而不是想對孩子怎樣就怎樣的財產擁有者。因為孩子不是我們的財產，他們只是暫時跟父母生活在一起，讓我們帶著他們進行社會化。

我是不是一個好媽媽，或該怎麼做才會是一個好媽媽呢？我相信很多媽媽都會問自己這樣的問題。尤其當孩子出現拒絕你、抵抗你、反駁你、挑釁你等種種狀況時，媽媽更容易陷入自責地問自己到底是哪裡做錯了，為什麼會被孩子這樣對待？其實孩子出現不預期的行為跟妳是不是好媽媽不一定有關係。因為孩子跟我們一樣都是一個獨特的生命，我們根本就不可能神預測他一切的言行舉止。

我記得老二竑動在兩、三歲的時候，有一天可能是我準備的晚餐讓他吃得特別開心，他翹起肥短的大拇指比讚說：「媽媽，妳是全世界最棒的媽媽！」那一天我不但欣然接受這個讚美，同時也在心版上烙印下這個畫面。

在這十幾年的母職經驗中，當我在遇到挫折與難關時，往往把這個定格的美好畫面拿出來回味，讓孩子對我的那些讚美，抹平我幫不到孩子時出現的自責與愧疚，進而重新為自己賦予力量。

「媽媽，妳是全世界最棒的媽媽！」現在我想把這句話送給每一個媽媽，因為上帝照顧不了這麼多人，祂才讓每個人都有媽媽照顧；而每一個媽媽，一定都是孩子生命中最棒的人，因為如果沒有媽媽的懷胎與誕生，我們都無法出世為人。

孩子會傷人嗎？是的。孩子總是可能在有意無意中做出讓我們覺得受傷的事，就像我們也可能在不經意中做出傷害到孩子的事而不自知。但父母只是要協助孩子進行社會化而長成大人，而孩子則是在陪著我們重溫已經淡忘的成長歷程，這些陪伴，是婚姻生活中很重要的一段時光，即使在陪伴中彼此偶爾有些受傷的感受，也能讓我們更了解到差異與不同。

當孩子讓你內心感到受傷時，不代表你是失敗的媽媽；當你的媽媽讓你難過，也不表示她是失職的媽媽，因為這些情緒和感受是很私人的，除非對方是蓄意的漠視或傷害，不然誰也不需要對別人的情緒負責。

過往社會的親子關係，把家族中每個人的課題與界線都纏繞成天羅地網，讓大家都分不出「我」和「我們」的界線。我們不知道自己跟自身的原生家庭不一樣，也不知道爸爸媽媽和子女除了血脈相連，其實也只是在人生路上相伴一段時光。每個人都是單一而獨特的存在，只有知道這個單一，而且願意把這個單一分享與連結時，才能產生更健康的我們。

媽媽先照顧好自己，才能給孩子更好的照顧

大人面對教養感到疲累與挫折，常不是因為孩子有問題，而是因為我們自己有狀況。很多教養問題也不是出在孩子身上，而是夫妻關係有問題，連帶影響孩子的心智和行為。因此，唯有先把自己照顧好，才能給孩子更好的照顧。

內外孫排起來，我的大兒子祐亨是媽媽的第七個孫子。雖然媽媽在我小學時期有過幾次反覆離家的日子，但媽媽跟我們這些孩子或孫子的關係都很親密，其中有一個重要的原因，是媽媽的臉上總是掛著笑容，甚至小時候我記得媽媽的朋友們就直接叫她：「愛笑」。

愛笑的媽媽很好相處，她總是面帶微笑、盡她所能地照顧我們。記得有一天我回娘家時，媽媽看我一直忙著處理孩子的吃食，她突然輕輕地說：「妳要先把自

己照顧好，再照顧孩子。吃飯時不要只想著餵孩子，妳自己先吃一點，才不會那麼餓，也要練習讓孩子自己吃飯。」

那時我還不明白這句話的真義，只覺得母親當時是心疼我、關心我、愛我，那是一個母親一直把孩子放在心上的愛在發酵，她的眼裡只有她的孩子，一如我的心中也裝著我的孩子。但是在當了十幾年的母親之後，我好像終於明白了那句話的內蘊。

在搭乘飛機時的飛安宣導短片裡，除了告訴乘客救生衣的放置位置和穿著方式外，更重要的，是告訴成人如果有嬰幼兒隨行，成人要先穿好自己的救生衣，再協助嬰幼兒穿救生衣。

在照顧孩子之前，母親要先把自己照顧好，一如要幫孩子穿救生衣之前，要先把自己的救生衣穿好。

初為人母時，我們總是把孩子放在第一順位考量，不管是吃穿用度還是衣食住行娛樂的花費，都先考慮到孩子，卻忘了照顧自己。所以有時候難免會覺得自己有著犧牲與委屈，失去自由，也沒有時間與空間跟自己對話及相處，嚴重的還會出現被害者情結。

其實孩子還小的時候需求較少，我們比較容易給予孩子需要的照顧。但是當孩子大了，情緒多樣，需求也更多樣時，我們可以在給予孩子照顧時先審視看看自己是否有能力與能量應付孩子的需求。

我發現當自己太餓時情緒往往很不好，脾氣特別大，在我很累時也會連說話的力氣都沒有。如果當我們在太餓、太累、心煩意亂時，還要面對孩子，那會是多麼憤怒或是無助的狀況呢？

原來，大人面對教養會感到疲累與挫折，常常不是因為孩子有問題，而是因為我們自己有狀況。很多教養問題也並非出在孩子身上，而是夫妻關係有問題，連帶影響到孩子的心智和行為。

要當個稱職的母親不是本能，而是個終身都在學習的過程，唯有先把自己照顧好，才能給孩子更好的照顧。

當妳太餓時，先吃一點東西；當妳太累時，先放鬆一下；當妳心煩意亂還要面對孩子時，就先深呼吸一下，給自己三秒鐘調整情緒做為緩衝，告訴自己我可以了，再去面對孩子。盡量讓身心在比較穩定的情況下，再處理孩子的事情，這樣妳會發現，孩子的問題其實並不如你想像中嚴重。因為我們比較心平氣和，就可以用相對持平與客觀的角度去審視孩子的需求與狀態，好好提供孩子需要的陪伴和關愛。

漸漸我也明白，媽媽當初會離家出走，一方面是她無法應付爸爸的暴力相向，另一方面是太年輕的她也對外面的世界充滿想像，在她自己身心混亂時她選擇跑出去找工作生活下去。她離開家住在外面的工廠上班賺錢，有了錢又想念孩子時就回家陪孩子。這樣反覆發生的情況持續了好幾年，在我國中時父親退休，父親待在家照顧孩子，母親就在外面找工作。雖然我不知道過往父母爭吵的原因，但因為兩人年齡差距太大，父親幾乎把媽媽當成女兒在管，加上那時父親已經在五、六十歲的男人更年期，母親卻是三十出頭貌美如花的少婦，他們根本不知道要如何換位思考或是對等的相處吧？

如果我遇上媽媽的處境會如何做呢？其實我也不知道。還好我自己選擇了可以好好溝通與對話的伴侶，也知道把自己照顧好才有餘裕給予別人更適合的幫助。

第3章

他的媽媽永遠不會是妳的媽媽

——【人媳篇】

當了多年媳婦，熬成婆後究竟在想什麼？

每個媳婦，都是媽媽懷胎十月生下來的寶貝；
而婆婆，是幫妳懷胎十月生下了妳心愛的丈夫。
但婚姻沒有魔法，媳婦不會變女兒。

雖然每個媳婦都只有一個婆婆，但我喜歡跟婆婆媽媽們聊天說話，加上仔細觀察與推敲，發現當媳婦娶進門，婆婆們最關心的大概就是下面這些面向：

一、媳婦的廚藝如何？我的兒子會不會吃不好，越來越瘦？

當婆婆把兒子的三餐交給媳婦照顧後，她最憂心的就是怕媳婦的廚藝不好，讓兒子吃不飽，變瘦變憔悴。殊不知，正值新婚燕爾時期，太太煮什麼，先生都會覺得特別好吃，因為濃郁滿屋的愛，是最美味又浪漫的調味劑，不但不會變瘦，還會幸福肥啊！

婆婆曾經跟我說：「要會燒幾道拿手好菜，這樣當妳先生有同事或朋友要來，才可以請客人吃。」那時我也告訴先生：「只要提前說，你都可以請朋友或同事來家裡玩。」但先生覺得家庭是私人空間，他不喜歡去別人家拜訪，自然也不想邀請他人來家裡作客，這種觀點跟我還真是不謀而合。

而且有訪客時，大家在外用餐就好，誰都不用勞累或受委屈。在家煮飯宴客，往往吃力卻不一定討好。還好我先生不會要我在他的朋友同事前面秀廚藝，而我有些朋友的先生，就很喜歡找朋友到家裡吃飯，他們的太太，往往有苦難言，表面上還要笑嘻嘻地接待賓客。即使真有大廚廚藝等級的妻子，也未必想在假日還辛苦備料、烹調、宴客與善後吧？

確實也有夫妻很喜歡招待朋友到家中作客，甚至過夜。這時夫妻倆就須要事前商量好，不要一方做到累死卻還是被對方嫌棄，事後衍生出很多的衝突和不愉快。像我有位朋友有次招待一群朋友在家裡吃飯，卻因為一顆蛤蠣壞了沒發現而煮壞了一鍋湯，結果那頓飯讓她內心吞下的，除了辛勤下廚的汗水，還有意外所造成的遺憾，甚至更有朋友們的孩子吵架大打出手，讓宴客相聚變成尷尬的事。

二、媳婦的肚皮怎麼還沒有動靜？

男女雙方雖然大多是因為相愛與想住在一起而結婚，但對一些婆婆來說，傳宗接代才是娶媳婦入門的第一要務吧？

新婚初期，婆婆還可以按捺一下焦急的企盼。但是當結婚超過三、四個月後，如果媳婦還沒有傳出懷孕的消息時，很多婆婆都會勸道：「不要避孕啊！趁年輕早點生，我們還可以幫忙照顧、幫忙帶。」

我周邊的朋友，在新婚期過後，只要沒懷孕，也多半被婆婆關切地詢問過。不過我也有幾個朋友選擇不生，夫妻倆同心協力地跟夫家表態與纏鬥，公婆催了幾年也就認命放棄了。

生與不生？要生幾個？生兒育女這件事，夫妻意見一致才不會讓妻子委屈。

三、媳婦為什麼常常回娘家？她還不會照顧自己嗎？

很奇怪，女兒回娘家，婆婆都很開心；但媳婦回娘家，婆婆卻會覺得納悶，為什麼她要常常回娘家？她不會照顧自己嗎？甚至是在過年過節時，因為自己的女兒要回來，而不准媳婦回娘家。我身邊就真的有朋友碰到這種情況。

別人的女兒，難道就不是女兒嗎？

我在兩個孩子的嬰幼兒時期，得到我媽媽的很多幫助。起初婆婆不是很能接受在老大出生後，有一段時間我每周四都得回娘家小住幾天。直到她的小兒子娶了媳婦，生孩子、坐月子等事情娘家都幫不上忙，還因為他們跟婆婆住得近常需要公婆照應，這時婆婆才回想起過往自己養育新生兒的辛苦與疲累，後來還跟我說：「你們住得遠，以前我都幫不上妳的忙，多虧有妳媽媽，真的很謝謝她。」

之前婆婆在婚後，也曾經有附近娘家和婆家的長期支援，難怪無法理解我們離鄉背井過生活的孤單與辛苦。

媳婦有娘家人可以疼惜、可以傾訴心事，那是多麼幸福又美好的事。特別是初為人母的那段時期，我們常常因為缺乏經驗而會覺得自己很無能，很否定自己。這時娘家親友團的支持與協助，對新手媽媽來說，會是很好的定心丸與安慰劑。

而且，多一個人疼孩子，孩子就會多一種幸福，要讓公婆知道，有娘家人幫忙關愛與疼惜孩子，是大家的福氣。

我只有生養兩個兒子，真心希望他們以後結婚的對象，也能有健康幸福的娘家做後援。

四、有孫女很好，但我還是想要孫子。

重男輕女的現象，現在雖然已經逐漸式微，但某些婆婆的內在心聲仍是：「有孫女很好，但我還是想要孫子。」第一胎如果生男的，婆婆不一定會要求媳婦再生一胎；但如果第一胎是生女兒，有時公婆都會說：「再接再厲，再拚一胎，小孩要有玩伴一起長大。」

以前，生了兩個女兒的鄰居曾跟我說：「我有個朋友，帶三個女兒上街去買東西，賣東西的阿桑，居然在她們的背後說，生三個女兒，可憐喔！」

但也有生兩個兒子的鄰居跟我說：「市場有個阿嬤，叫我一定要生個女兒，因為女兒比較貼心。不然老了之後，我一定會後悔。」

其實孩子都是天賜的禮物，男孩、女孩一樣好。與其強求性別，不如好好教養。

五、兒子賺的錢多，買房子當然要用兒子的名字。

當問題牽扯到實質的財產所屬，更是盡顯人生百態。比如買房。

很多姻緣之所以沒有結成，有不少就是出在購屋這個問題上，我聽過的案例大多是因為女方的家長要求房子得買在娘家附近，而且還要用女方的名字買，但錢是由男方出，他們的理由是希望女兒能獲得一個保障。但這樣的做法真的對嗎？要對方出錢，還用女兒的名字登記婚前財產，男方也不是傻子啊！開出這樣不平等的條件，自然沒結成姻緣。

那麼，房子應該歸在誰的名下呢？若是兒子賺得多，買房子用兒子的名字登記當然沒問題；但如果媳婦賺得多，就可以用媳婦的名字嗎？聰明的夫妻，會想出兩人共同擁有房子，雙方都是所有權人的解決之道。

像是我跟先生當初要買房子時，因為我已經是沒有收入的家庭主婦，所以完全不用考慮，就是用先生的名義購買與申請貸款。如果夫妻倆都有收入，就可以同時登記成所有人，又或是協商登記在誰的名下。

此外，婚後財產是共有的，在婚前所買的房子是不用跟另一半分享的。

六、把兒孫顧好是媳婦的責任。

昔日當婆婆的，也都是從超人般的媳婦熬過來。她們不僅要面對公婆，還要伺候先生的整個大家族，錯綜複雜的人情糾葛，更是難解難分。所以現在還是有婆婆會認為如果孫子生病、兒子生病，那全部都是媳婦的責任，因為媳婦得十項全能。

其實大家都有責任與義務把自己照顧好，才不會給其他家人添麻煩。這樣的觀念，要從小教導，不論是男孩或女孩，沒有哪一種性別是天生就得肩負照顧家人的責任。

七、兒子有外遇，那是他厲害。

看到這樣的標題，相信妳一定會一肚子氣，但就真有離譜的婆婆一味護短，她認為兒子如果有外遇，該檢討的一定是媳婦。我有個讀者就說：「面對先生一再的出軌，我婆婆居然跟我說，等他玩膩了就會回家！」

沒有一段婚姻可以一直不受干擾與誘惑的考驗，然而有人選擇外遇，有人則選擇對婚姻忠誠。當有第三者介入時，不一定是被外遇的配偶做得不好，或許是外遇的人沒有尊重自己當初做出的選擇、許下的承諾和應盡的責任，然而在婆婆的心目中，錯的永遠是別人家的女兒，終究不干自己兒子的事。

而且，不要懷疑，如果你的兄弟有外遇，你可能也會覺得是嫂嫂和弟媳的錯；如果你姊妹的丈夫有外遇，那就一定是姐夫和妹婿的錯。我們總是批評別人容易，檢討自己相對困難，這就是人性。

或許等男人累了、老了，真的會回頭，但是妳等得起嗎？妳的青春不重要嗎？人生就這樣耗給他了嗎？

我的想法是：婚前不要選劈腿慣犯，因為在婚後，他依然會外遇不斷。

婆婆會偏袒兒子是可以理解的，但難道媳婦注定就只能當外人？這裡提供妳一個評斷的指標，那就是：當婆婆開始意識到媳婦的健康也很重要時，恭喜妳，妳之前一切的努力與委屈，都得到了上天的憐憫，讓妳真的走進婆婆的心裡，認真把妳當成了一家人。但請注意，是「家人」，而不是她的「女兒」。千萬不要想

當婆婆的女兒，先生的媽媽永遠不會是妳的媽媽。

每個媳婦，都是媽媽懷胎十月生下來的寶貝；而婆婆，是幫妳懷胎十月生下了妳心愛的丈夫。但婚姻沒有魔法，媳婦不會變女兒。

在婆婆面前，妳可以偶爾撒嬌，然而更多的該是尊重與謹守分際。在自己的媽媽面前，妳可以盡情撒嬌、耍賴、任性，甚至發發小脾氣，但這些情緒，千萬不能發在婆婆身上。

有個朋友曾很傷心地說：「我結婚的時候，公婆還說會把我當成女兒看！但他們只在乎他們的兒子和女兒，哪有把我這個媳婦放在心上呢？做不到就不要說啊！」

會相信公婆這樣的話，只能說好傻好天真。就像媳婦不可能將婆婆當成親生母親一樣，婆婆也不可能打從心裡把媳婦放在跟子女一樣的位置，所以，做好媳婦的角色就好，想當女兒，還是回娘家當吧！

所有尊重都是相互的，包括婆媳關係

與其對婆媳關係懷有過多的期待，媳婦不如抱持人與人之間本就應互相尊重的想法。就像當妳收到別人的善意對待，妳也會用善意回報對方，這是再自然不過的人之常情，婆媳之間亦然。

自古以來，婆媳糾紛難解。

在以前，婆媳相處最大的問題，是因為一個陌生的年輕女子，經由媒妁之言嫁入夫家。婆婆覺得媳婦是來搶她兒子、搶她地位的女人，讓她備受威脅。這種潛意識中的敵意，自然容易讓媳婦也覺得婆婆處處看她不順眼，找她麻煩，進而變成相看兩厭，相互折磨。

但現在時代變了，女人大多經由自由戀愛而結婚，也不一定要住進先生的原生家庭，受盡磨合與委屈的荼毒，可以自己在外面成立小家庭，減少了婆媳相處的機會。

舊思維與舊關係，就遺留在舊時代的故事裡吧！新時代受有良好教育的女性，可以靠智慧與善良做界線，改善與革新婆媳關係，不再讓彼此處於劍拔弩張的緊繃狀態。

首先，就是不要把婆婆這個角色妖魔化，特別是不要受到戲劇裡婆媳角力的誇張劇情誤導，以為天下的婆婆都討厭或嫌棄媳婦。現在很多婆婆，其實也很努力想要當個有智慧的婆婆。

先有婆後有媳。婆婆是幫你生下先生的人，含辛茹苦把他養育成人，看在這份恩情之上，實在不需要跟婆婆爭什麼。畢竟，婆婆跟媳婦一樣，都只是深愛先生的女人。

當初，我跟先生交往第九年，婆婆讓我們先訂婚，也選定了一年多後的結婚日期。但為什麼交往那麼久才結婚？原因很簡單：之前婆婆去幫我們合八字，算出我們的命不合。

命不合？那我們怎麼辦？抗命嗎？並沒有。我跟先生都是性情溫和的人，就這樣默默經營著感情。時間久了，一直沒分，婆婆又跑去找算命師，要化解我們不合的命運，這才算出了訂婚與結婚的日期。

準備訂婚時，看了很多家囍餅，最後選定剛好是婆婆喜歡的，她自然開心。在訂婚前夕，婆婆問我：「妳問問看妳媽媽，可不可以不要準備大訂，現金這樣提來提去很麻煩，反正她只是要看看。」我問過媽媽，她很通事理地一口答應，表示只要我們過得幸福快樂就好。這樣尊重婆婆的意見，更是讓她鬆了一口氣，由此她也慢慢開始釋放出越來越多的善意。

由於體質的關係，我容易手腳冰冷，每次回去公婆家，她常會燉煮東西幫我補身體，也會準備高級的食材讓我帶回去。有天早上，婆婆突然打電話來，說今天買到好雞腿，會煮雞湯後送過來。我一時反應不過來，想到昨天才從公婆家回來，怎麼今天他們突然要送雞湯過來？婆婆自然也知道臨時造訪會對媳婦形成壓力，她接著說：「我們會在中壢休息站吃午餐，讓爸爸休息一下，妳不用準備午餐。」

他們辛苦從北投開車到竹北，只為了送一鍋雞湯給我補身體，這份心意，如何不讓人感念在心？所以當公婆把雞湯送到就說要開車回去時，我說：「爸媽進來家裡休息一下，我準備咖啡和水果。」

當妳收到別人的善意對待，妳會用善意回報對方，這是再自然不過的人之常情吧？婆媳之間亦然。

婆婆也是個善良又有氣度的人。在我們初期相處的過程中，她雖然有很多的猜想與臆測，但當她核實那些想像都不是事實後，還會跟我說抱歉，因為她這輩子最不能忍受被別人誤會，過往她就曾被親鄰間的閒言碎語嚴重傷害了婆媳關係，至今仍難以釋懷，所以當她發現誤會我時會願意道歉，這也顯現她的真心誠意與寬宏胸襟。

你問我，難道我們婆媳之間，從來不生摩擦或介蒂嗎？我告訴你，牙齒都還會不小心咬到舌頭，那痛一下，也就難受一下，何苦還拿來回味，折磨自己？當你因為婆媳關係感受到不舒服時，就先面對與接受，不要跟自己的情緒過不去。同時也告訴自己，比起兒子和孫子，媳婦畢竟是外人，妳還要爭什麼呢？

與其對於婆媳關係懷有過多的期待，媳婦不如抱持人與人之間本就應互相尊重的想法，才不會產生衝突與失落感。而身為婆婆的，當然也應以尊重相待，才會贏得尊重。

非生到男生不可！傳宗接代的壓力與哀愁

女性的子宮可以孕育新生命，每個生命也是單一而又獨特的珍貴禮物，怎麼可以如果生出女孩，就被要求一定要生到男丁為止？若這世上只有男性有價值，那人類的演化應該是無性繁衍。

現在晚婚、晚生是社會上的普遍趨勢；但更有女性是因為在傳宗接代的壓力下，為了要拚一個兒子，到了四十幾歲，還在拚生第三胎。但高齡產婦確實要承受更多的風險，連肚中的孩子也可能是不健康的。

佳平的身體本來就不是很好，生兩個女兒時，都受盡了安胎的苦頭。但婆家對於孫女並沒有多大的喜悅，因為先生是獨子，家族中長輩對男丁的期待，時時刻刻都對佳平造成壓力；即使她已盡量減少回婆家的次數，仍無法避免私下被冷嘲熱諷的難堪。於是她在四十幾歲，冒險懷了第三胎。

結果，佳平的第三胎還是個女兒。然而那次因為產後大出血，讓她在鬼門關前走了一遭，這個歷經生死的人生轉捩點，讓她終於正視到自己生命的價值，不再只是為了要生個兒子，更覺得女兒的命，跟她一樣是歷經磨難而形成的珍珠，無比的珍貴。

她說：「我不想讓三個女兒重蹈我的宿命，我要好好教養她們，重視自己與培養自己的能力，當一個出色的女人，而不是只能看別人的臉色過日子。以後不管她們要不要結婚，要不要生孩子，我都尊重也支持她們。我一定要當女兒們最好、最穩定的力量。」

而在佳平幸運撿回一命後，公婆也對她產生悲憫之心與疼惜之情，給予噓寒問暖的關懷，並珍惜媳婦用命換來的這個孫女。

相較之下，同樣是嫁給獨子，也生了兩個女兒的麗麗，就比她的朋友佳平來得幸運。麗麗曾問過婆婆：「媽媽，我需要再拚一個兒子嗎？」

婆婆很瀟灑地回答她：「好好把兩個女兒養大就好，兩個孩子就夠了！」

婆媳關係想要融洽，真的很需要擁有一顆肯為對方著想的心。但從古至今，又有多少女人為難女人的例子呢？

當你弱，連你也瞧不起自己時，就是你敵人最多，也最容易被欺負的時候。但是當你正視自己存在的生命價值，慢慢積蓄能量讓自己變強起來，你就有力量站穩腳步，可以活出自信和光彩中的氣宇軒昂。

身為女人的我們，雖然好像缺乏性別上的優勢與自由度，但我們有沒有能力發揮女性的優點或長處呢？我們的子宮可以孕育新生命，每一個被子宮孕育而出的生命都是單一又獨特的珍貴禮物，但怎麼能只有孕育出男性才有價值，生出女孩就被要求要再生一胎呢？甚至還會被要求一定要生到男的呢？如果這個世界只有男性有價值，那人類的演化應該是無性繁衍。

女人要正視自己生命的價值，才不會被別人當成工具般糟蹋。像這樣正視自己的能力，需要從小由父母親給予疼惜與教導，才不會讓女兒覺得在男女不同的世界中處於劣勢。

擺脫有毒關係，遠離人際剝削

如果想要在「姻親」這個人際網中過得自在一點，保持安全距離是首選，多多練習怎麼優雅的拒絕是第二步，第三步當然就是釐清問題的歸屬，如果問題跟妳無關，就盡量不要捲入別人的關係。

我的小嬸在與小叔結婚數月後懷孕了。婚後生子，這件看來再正常不過的事，卻讓我有放下心中大石，鬆了一口氣的感覺，為什麼呢？因為之前我一直把朋友們的經歷內化成了自己的壓力了。

我的兩個朋友怡婷跟麗華都生了三個孩子，也都遇到長輩來搶孩子的戲碼。

怡婷是家中的長女，她先生是家中的么兒。先生的大哥小時候生病造成腦部損傷不適合結婚，二哥則是姻緣還沒出現，怡婷是他們家第一個進門的媳婦，婚後她陸續生了一女一男，但婆婆要她再生一個，原因居然是想要把孩子過繼給大伯。怡婷當然不願意，即便那個人是先生的大哥，所以她拒絕了。而且這是婆婆和大伯他們兩人的事，與她無關，不該把腦筋動到她頭上。

幾年後，怡婷的大伯因病往生，二伯婚後一直沒有小孩，婆婆勸怡婷再生個孩子。怡婷想著大伯已經過世，婆婆也沒有再執著過繼的事，所以她願意為夫家再生，結果喜得千金。沒想到這時怡婷婆婆又重提過繼一事，只是這次對象換成了二伯！

我聽這個朋友綿延十幾年的故事，真擔心如果這種問題出現在自己身上時，自己有能力應付嗎？

另一個例子。麗華是家中的么女，她先生是家中的獨子，因為公公已經過世，婚後他們就與婆婆同住。但麗華跟婆婆相處的不是很愉快，所以生下三個兒子後還是繼續工作，以避免與婆婆有過多的接觸，並交由保母帶孩子。

麗華有個結婚十幾年的大哥膝下猶虛，她娘家的媽媽居然要麗華把老三過繼給哥哥。

麗華覺得這個離譜的要求，最簡單的做法就是讓媽媽自己去跟女婿提，因為這是媽媽的問題，而且她也想看一向強勢的先生會如何接招。結果先生只回岳母兩個字：「休想！」

休想！這種回絕方式確實很好，能提醒我們不要讓無謂的妄念一直在腦筋裡打轉，多思無益。

這兩個已婚朋友發生在我婚前的經歷，讓我在以前人際交往經驗相對單純的未婚生活中學習到很多，知道要盡量避免「捲入別人的關係」，也不要讓別人的問題變成自己的問題，就是現在阿德勒學派說的要學會「課題分離」。

人際關係會複雜，往往就是全部都攪和在一起，變成了混亂的毛線球。要把纏在一起的毛線球整理好，我們只能抓住自己這個線頭，從自身出發去考量：現在這個跟我有什麼關係？我要選擇什麼樣的立場？一定需要表態嗎？非得選邊站嗎？有沒有辦法盡量讓自己不捲入別人的人際關係裡呢？

說起來很容易，只是人際關係往往知易行難；而且當壓力來自長輩時，我們很難不被權力位階的強勢打到暈船，而失去清明的思考。

前面提到小嬸懷孕生子，我之所以感到如釋重負，是因為覺得這樣我就不會遇上如同我那兩位朋友被搶孩子的戲碼。

但沒有了預想的煩惱，還是有其他的煩心事發生。舊時代的人總是喜歡把所有關係攪和在一起。每次回去探望公婆，我就會被捲進姻親妯娌的人際交絡網，聽婆婆抱怨小嬸不願意回家帶孩子而執意要工作。當職業婦女到底是招誰惹誰了？我不知道，但每次都聽到這些論點，我也擔心會被這把火燒到。

果然，該來的還是躲不掉，婆婆終於開口要我勸小嬸辭職當家庭主婦。還好我平日就有練就「如何不捲入別人的關係」、「如何不讓別人的問題變成自己的問題」，有練果然有差。在我接到婆婆拋出強人所難的要求後，只用一、兩秒鐘的停頓時間，就輕聲細語地跟婆婆說：「媽媽，我沒有立場這樣做！」四兩撥千金地把問題丟回去了！

我們都不想被捲入別人的人際關係，特別是這種捲入往往帶著是非價值的判斷之中，而且更常見的狀況是會讓你從公親變事主地莫名背鍋、被黑，甚至被當初拜託妳的人背叛。我就曾被姻親長輩利用後遺棄，只能又氣又哭地自認智慧不足，修練不夠。

如果想要在姻親這張人際網上過得自在一點，保持安全距離是首選，多多練習怎麼優雅的拒絕是第二步，第三步當然就是認清這是誰的問題，如果問題跟妳無關，盡量不要捲入別人的關係。有些人就是喜歡「拉幫結派」，甚至會逼你選邊、表態，這些往往都是毒害。當他們覺得跟妳討論別人是非八卦無法激起火花時，久而久之就不會想朝妳放火，妳才不會在毒害關係中燒成灰燼。

但是妳自己要知道想要不成為是非之地，就是要想清楚自己要的是什麼，不要的又是什麼，才不會在搞不清楚的情況下，變成被別人利用的犧牲打。

不過，如果真的被犧牲了，天也不會塌下來。誰沒有在人際交往上吃過虧、受過傷呢？只能啞巴吃黃蓮吞下痛苦的過往經歷。雖然讓我們苦出心中的眼淚，但只要記取教訓，擦乾眼淚再站起來，我們就會完成優化與更新，繼續在人際關係裡又哭又笑地摸著線索前進。

關於原生家庭和結婚家庭的錢與事

婚後的家務事可能較為單純，只要夫妻彼此協調好即可。但我們每個人都有原生家庭，當自己的父母漸漸老邁，就會衍生出很多與錢與事有關的問題。

我剛結婚時，因為平日工作的緣故，與先生分隔兩地，我們並未談過該如何分配家庭中最重要的錢與事，只是順其自然地處理著每個該面對的事情。直到我在大兒子四個月大時成為全職媽媽後，也沒有跟先生開口要固定家用，只因為從戀愛到結婚這十多年的互動中，我知道他比我更在乎與重視錢，而他又是家中的經濟來源，我需要用錢再跟他開口就好，即便是現在，依然維持著這樣的模式。

小家庭的錢與事可能相對單純，夫妻彼此協調好就好。但我們每個人都有原生家庭，當自己的父母漸漸老邁，就會衍生出很多與錢與事有關的問題。

如果與原生家庭住得近點，父母還可以幫得上忙，不管是金錢還是體力的支援，像是幫忙照看孩子等，這是優點；但如果與上一輩在教養觀念上不同，可能也很難不被干涉，那就是缺點。

像我們一群朋友都是從外地遷居至此，離原生家庭遠，幾乎什麼事都只能靠自己，沒有後援是缺點，但遠離家族的人際紛擾，耳根清靜又是優點。

如果再算上與配偶原生家庭的遠近，其實就是更複雜的問題。但重點也在於我們自己是不是能看得清、想得開、放得下，以及有沒有想過或開始為兩家長輩的老後預做準備。畢竟，養生送死，是人生無法避免的責任。

年長我四十九歲的父親，在我生子後已經是高齡八十幾歲的老人了。那時他偶有病痛，都是手足相互支援帶去看病。後來，原本在大陸發展的弟弟，回台後帶著妻子住進父親家，因為父親金援他開店做生意，他自然也就得承擔更多的照顧責任。

當我父親的身體狀況不穩定到需要住院治療時，門診費用就不只是區區幾百元了，這些錢當然不是由帶父親去看醫生的手足自行吸收，而是兄弟姊妹一起平均分擔。

這幾年長照醫療甚至長照保險引起大家的討論和注意，就是因為生命週期已經延長到八十幾歲，但是大部分長輩在人生最後幾年的身體健康狀況都不佳，可能反覆住院、出院，甚至還可能臥病在床需要請看護照顧，或連看護都無法處理就只能送到安養機構協助。

還有些長輩可能不到七十歲就突然病倒，讓毫無準備的晚輩們措手不及。像是我婆婆平常有失眠的問題，需要藉助安眠藥入眠，除此之外身體都沒什麼大問題，她胃口好，說話宏亮，臉也圓潤飽滿，容光煥發，沒想到突然發現罹患癌症。

記得剛得知婆婆罹癌趕到醫院時，灰暗的病房籠罩著低氣壓，公公婆婆和小叔小嬸全家人看起來都了無生氣，我走到婆婆身邊，她輕輕地說：「我現在只想趕快死！」我走到她身後幫她按摩身體，邊壓邊揉地說著：「媽媽，您這樣說我們會傷心的，妳要好好接受治療，要看孫子長大啊！」原來在我們趕來前婆婆不願意接受任何治療，他們才會萬念俱灰，但我的一番話讓婆婆鼓起勇氣，終於願意接受手術。

當醫生的小叔幫婆婆找了最適合的手術方式，住在附近的小嬸每天都會去探望婆婆或是幫忙換藥。我們雖然周周北上探視，也幫忙負擔醫院看護的費用，但我其實還有無法做得更多的心理壓力，懷疑自己究竟是不是好媳婦。

直到有次婆婆跟說：「我對妳小叔小嬸的幫忙，比他們幫忙我還多，所以妳不要有心理負擔。你們這樣每個禮拜回來陪我聊天解悶，我很開心，只有跟妳說話我才覺得人生有活下去的希望。他們說妳是我的心靈老師，妳一直做得很好！」

婆婆的那一番話，讓我就像是有了一個定心錨。既然婆婆都看得清，知道住得近的孩子會得到比較多的資源，現在他們需要幫忙，自然也是這個孩子與他的媳婦能就近照顧與提供協助。但她肯定與感謝我的付出，我也要懂得放得下心中的壓力，而不該一直擔心自己是不是做得不夠。把心情穩定了，才能去回顧與盤整我們兩個媳婦不同的資源與限制。

即便是姻親，也有不同的處境與背景，以及不同的強項與能力，只有各自發揮所長才可以把事情做到最好。

結了婚當了媳婦，我們往往會發現有些事不是只靠自己努力，就一定能得到別人的肯定與認同，因為這牽扯到關係親疏遠近；而關係的經營，則需要靠雙方的互動與互信，有時候還會牽扯利益糾葛。既然人情很複雜，我們也只能盡量讓事情簡單化，那就是先看清楚錢和事要如何分工。

我在娘家媽媽生病住院時，曾聽到隔壁床的親人向朋友抱怨：「每次婆婆生病都是我來顧，他們只會說他們有工作，還說如果顧不來就找看護啊！但沒有人要幫忙出看護的錢，要我自己看著辦！」她的朋友說：「就是有人不出錢也不出力，只會出一張嘴在那邊說風涼話，妳真的好辛苦啊！」

世間眾生相，什麼人都有，我不知道你身邊的姻親如何，也不明白你的原生家庭支援網是否足夠，但錢和事還是要提早做準備以預防不時之需。像我們娘家在母親一開始發現罹患糖尿病後，就開始討論手足一起出公基金的事；在母親狀況開始不穩定後，也排了輪值看護的值周表。

母親往生前幾年是住在護理之家，一個月要花費四萬多元，如果由一個家庭來支付，那可能會壓垮一個家庭的生活吧？還好我們有提早做準備啊！

這幾年常常聽到父母有「慣用子女」，或是每個子女的功能性不同；也有人奚落住在天邊的往往是父母心中的孝子，而近在眼前的卻常是被嫌棄與抱怨的對象。有次在一場講座中，我詢問現場是否有父母的慣用子女，有一位男士舉手分享說他自己就是媽媽的慣用子女。我問他會覺得委屈嗎，他笑著說：「是不會覺得委屈，但常常被叫去幫忙一定會累。可是只要可以真的幫助到媽媽，雖然累，我還是願意啦！」

每個孩子在小時候也得到父母不同的照顧吧？因為有人好吃好睡，有人敏感易哭，有人身體強壯，有人體弱多病，或是有人就是容易討父母的歡心，也有人總是讓父母見了就覺得生氣等。我們都只能從姻親的口中去聽聽看自己的配偶原先在他們印象中的樣子，和他跟原生家庭的關係，但這些往往也都只是參考，因為人的記憶不可靠，情感和感受也會經常改變。

但無論是父母的慣用或非慣用子女，兄弟姐妹間先提早協調好，幫長輩準備老後要用的公基金，是一個相對安全的安排方式，因為如果大家都分身乏術無法親自照顧時，至少還有錢可以找到人力支援。至於維繫關係中的情感，也不要對自己過於嚴苛要求，因為即使對同一個人，我們都會產生對於對方討厭或喜歡的複雜感受，別人對我們的情感和感受也一定是難以捉摸的，我們就不需要想太多，盡量順其自然地接納一切。

如何卸除當好媳婦的壓力？

妳也困在別人口中要成為好媳婦的壓力裡嗎？
好媳婦其實只是種假象，因為不管妳做得多好，都還是會有人不滿意。
但妳要有勇氣做妳自己想做的事，因為在妳的人生中，妳才是唯一主角。

我念小學的時候，鄰居高中還沒畢業的大姊姊出嫁，那是我第一次看見穿白紗禮服的新娘子，覺得很好奇。但是聽到鄰居七嘴八舌在討論：「她因為未婚懷孕，帶球嫁了！不知道婆家會如何看待她啊？」

當時眷村民風還很保守，未婚懷孕而嫁人是驚天動地的大事。果然那位大姊姊也驚動了夫家其他的成員。原本她先生的姊姊也已出嫁，但是為了要就近「監看」她這個新進門的弟媳，還特別搬回娘家住。

鄰居姊姊生完孩子後常常帶孩子回娘家，不到兩、三年，就帶著孩子長住娘家，因為她離婚了！

離婚的原因，除了夫妻兩人的情感本來就不穩定，僅因為是同學關係，在一次準備考試讀書時而擦槍走火的性行為懷孕後就匆匆結婚。婚後住在夫家，一舉一動都在公婆跟大姑的監視下，動輒得咎的日子並不好過。

這件事讓我們這些鄰居小妹妹們，都覺得未婚懷孕很恐怖、公婆很恐怖、大小姑很恐怖，結婚和離婚好像也很恐怖。

因為眷村裡的叔叔伯伯都是隻身來台，所以他們的妻子都沒有所謂的公婆或是姻親。但是鄰居大姊姊在嫁進夫家後，除了要面對先生，還要面對夫家的其他人，這件事讓我產生很大的疑慮：兩個人結婚，是不是只有兩個人自己住比較好，而不要住進先生的原生家庭中呢？

婚後，不但婆媳關係難解，其他的姻親往往也很難纏。

以前我在升學補習班當代班導師時，有個同事的男朋友是么子，上面有六、七個姊姊。我們每天下午一點半才需要上班，結果那些姊姊們一天到晚關心她這位弟弟的女朋友，白天都在做什麼。她說：「我男朋友的父母年紀都很大了，也不太跟我溝通交流。但是我怎麼會覺得，我好像有好多個婆婆。一想到她的姊姊們管那麼多，我都想跟他分手了！」

結婚，看起來好像是兩個人的事，但其實也擺脫不了兩個家族的牽扯與連動。

原本我朋友怡華剛結婚時，跟婆婆的關係也挺融洽，但是她跟年紀相仿的小姑卻處不來。因為身為么女的小姑，覺得這位嫂嫂搶走了父母對她的愛，因而充滿敵意。漸漸地，小姑越常跟婆婆嚼舌根，婆婆也開始對怡華挑剔，婆媳關係就變得越彆扭，時間一久，難免生出嫌隙與疏離。後來，因為她先生工作有異動，怡華一家索性搬家，遠離婆家的居住地，變成逢年過節才走訪的親戚。

在感情的世界裡，男人相對單純，喜歡與不喜歡，總是溢於言表，藏都藏不住。但是女人往往把心思藏得很深，表面上看起來滿臉笑容，轉過身後在背地裡講話的雖然還是同一張嘴，但說出的話語卻完全不同了。

人際相處有時候複雜又弔詭，是因為我們常沒記住別人說的好話，卻又忘不了別人說的壞話，這樣不是在為難自己，讓自己受苦嗎？

為了求生，人的天性與本能會讓我們記住危險的事，這樣才能避開危險。但為了讓生活更好，我們也要練習記住美好的事，不要讓有限的腦容量，總是浸泡在痛苦的回憶中發酵。

我們無法選擇原生家庭，而配偶雖然是自己挑選，但因配偶而形成的姻親關係卻是附帶又沒得選，只是這些姻親又有多重要呢？

以前我們一、兩周就會回北部探望公婆，因為我會認床，往往夜裡輾轉難眠睡不好。等到週日夜裡回到家忙著收拾行李，隔天一早又開始忙碌的周間生活，到了週末又要忙著收拾行李準備北上，長輩還會跟我們聊很多姻親之間的煩心瑣事，讓身心一直處於備戰狀況的我常在生病。

這樣一週花三、四個小時在高速公路上奔波，十幾年花了兩千多個小時，跑了幾萬公里，真的好累好累，回去後還要聽姻親雜事的情緒勞動更累！還好在婆婆過世後公公告訴先生跟我：「你們不用這樣周周回來，我也會累！」

哇！從此我終於有了自己周末假日的感覺，也不用再聽一些我甚至不認識的姻親的互動，讓心情能徹底放鬆。

這幾年因為防疫，更減少了舟車勞頓地奔波與情緒過度起伏，我身體狀況比之前良好，這才明白婚後那麼多年，我都太在乎姻親口中的我是否是個顧公婆的好媳婦了。

妳也困在別人口中要成為好媳婦的壓力裡嗎？我很想跟妳說：「妳要放過自己！」但我知道這一切都很不容易。

好媳婦其實只是種假象，因為不管妳做得多好，都還是會有人不滿意。有時是中間有利益牽扯，有時妳只是別人擺弄的一顆棋子，有時就是有人喜歡用心理戰玩弄恐怖平衡，甚至還有人唯恐天下不亂，喜歡到處搬弄是非等。

我們雖然管不住別人的嘴，但可以守住自己的本心。我們可以選擇怎麼聽、怎麼想、怎麼做、怎麼回應。當是非不請自來時，先停下來想清楚，自己的界限與底線在哪裡？

接著自問，這個是非跟自己有關嗎？如果無關，就不要在人際流沙中掙扎。蘇格拉底認為說話前要先用三個篩子進行篩選：「這是真的嗎？這是善的嗎？這件事很重要嗎？」如果不能通過這三個篩子的篩選，我們大可以不用放在心上，更不需要變成是非的傳播鏈。

如何卸除當好媳婦的壓力？要知道這個世界本來就不會全部的人都喜歡妳，但妳要有勇氣做妳自己想做的事，因為在妳的人生中，妳才是唯一主角。其實只要跟婆婆的關係處理好了，婆家姻親口中聽到的就會是讚賞比貶抑多。但如果婆婆就是跟妳不投緣呢？那妳最好保持距離，照顧好自己的小家庭吧！有些緣分強求不來，就毋需把時間花在填不滿的無底洞中浪費。

中年喪偶，女人寧願單身，男人多半再婚

近年我常進出醫院，發現女人生病了，不是自己去看病，就是有女兒陪同，又或是由外傭推著輪椅去看病，很少看到有丈夫隨身在側。但是男人生病了，陪他去看病的，則大多是他的妻子。

有次我們一群女性朋友，聊起了中年喪偶的話題。

A說：「我有個同學，得乳癌三年後過世。在告別式上，大家看她先生哭得一把眼淚一把鼻涕的真情流露，沒想到，兩個月後他就出國到處玩，到處打卡，變得很開心。男人真沒感情。」

B說：「以前我有個同事，他太太過世時，也是哭得死去活來。大家還覺得他很深情，沒想到，一年多後馬上就再婚了。才一年多耶！同事們拿到喜帖，都嚇

一跳。」

C說：「剛喪妻的男人，當然也會傷心一陣子。但是他們修復的速度不但快，再婚的速度更快。反觀女人，都會含辛茹苦把孩子養大，很少再嫁。我有個鄰居，她先生在三十三歲時，突然發現罹患淋巴癌，不到半年就往生。那時小孩才剛念小一，她獨自把孩子撫養到高中後，她婆婆跟她說：『孩子大了，如果妳有適合的對象，就再嫁吧！』但她已經習慣了單身生活，根本不想再婚。」

同樣是中年喪偶，為何男女的走向會大不同？原因很簡單，因為女人不想再照顧男人了，她們不願再做廉價的女傭，洗髒衣服、臭襪子，包辦所有的家事，任勞任怨的付出不但沒被感謝，還常常被嫌棄，甚至不知道還會遇上怎樣的公婆，所以情願談戀愛就好，而不想再走入婚姻。

反觀男人，在婚姻裡往往是被照顧者，一旦喪偶，雖然也會悲傷，但在想要被人照顧與需要有人打理家庭瑣事的需求下，很快就可以走出悲傷，再娶妻照顧他。就有研究指出，在伴侶去世後，男人比女性更容易身心健康下降，為了迅速修補破碎的心靈，並重新步入規律的生活，男人會即刻展開新戀情。

我們一群朋友就這樣紛紛分享自己的意見，原本有些沉默的D也開口道：「我都跟我先生說，現在已經沒有貞節牌坊這種過時的觀念了，如果他不好好照顧身體，突然早死，我一定會帶著孩子改嫁。如果我先走了，我也會希望他再婚，找個人陪伴他，不然太寂寞了！」

大家都笑著說D真看得開。接著A又說道：「所以啊！我們還是要把自己的身體照顧好，不要像網路上流傳的，如果妳突然死了，很快就會有一個女人來替代妳的位子，花妳的錢、睡妳的男人、還打妳的小孩！」

聽到自己的小孩可能會被別的女人打，我們五人立即被激起了母性，瞬間一陣譁然！

近年，我常常進出醫院，發現女人生病了，不是自己去看病，就是有女兒陪同，或是由外傭推著輪椅去看病，很少看到有丈夫隨身在側。但是男人生病了，陪他去看病的，大多是他的妻子，不管是牽著、扶著，還是推著輪椅。

婚姻不是跑百米，而是漫長的馬拉松。這中間不但要好好配速前進，更要好好愛自己，才能保持身心靈的健康與豐盈。而且，婚姻無法給妳恩愛一生的保證，男人再愛妳，也不代表會永遠不離不棄。

所以，親愛的女人，不要把錢都花費在孩子或是先生身上，該保養維持美麗、該閱讀或該旅遊充實心靈，又或是滿足口腹之慾的錢，都不要太省。記得要取悅自己、善待自己，把身心照顧好，妳才能走在幸福的路上，繼續堅挺而自信。

婚後住哪裡？孩子又該給誰帶？

當了媳婦，我們會增加許多角色與關係，
想把這些複雜的事變簡單，就要在房子跟孩子這兩件事上考慮清楚，
如果沒有先與另一半達成共識，不但會影響婚姻的品質，也會干擾到身心的自由度。

以前跟一位同為老師的同事聊到婆媳關係，她說：「現代的女人比較好命，至少在婚前就可以選擇要不要住在夫家。我們以前大多沒得選，婚後都是住在夫家。後來社會風氣漸漸開放，我結婚十幾年之後，終於也有勇氣跟先生爭取搬出去住。當我們有自己的房子，住在兩個人可以商量規劃與裝潢的家之後，我才能感覺到這是我們的家。」

她的一番談話也讓我想起以前在職場工作時，我身邊結婚的女同事全部住在

夫家，而她們依然保持在職場上工作的原因，就是不想在家裡跟婆婆大眼瞪小眼。這其實跟我的經驗不同，因為我跟先生是兩個人的小家庭，我姐姐跟姐夫也是如此。

跟夫家的人住在一起是不是壓力真的很大呢？我婚後的前幾年，每個周末都會回到夫家探望公婆，那兩天一夜的時光雖然有歡樂，但壓力卻也如影隨行，我隨時都要注意自己的言行舉止，完全沒有覺得是在「家」可以放鬆的感覺，所以我真的無法想像要長時間跟夫家人一起生活是什麼感覺。

當了媳婦，我們會增加許多角色與關係，要把這些複雜的事變簡單，在兩件事上要考慮清楚：婚後跟誰住？生孩子後孩子由誰帶？房子跟孩子這兩個因素如果沒有先與另一半達成共識，不但會影響婚姻的品質，也會干擾到身心的自由度。

一、不要貪圖省房租、省貸款。

我的小叔要結婚前，跟婆婆說他不肯搬去公婆在外縣市為他們準備的新房，而執意要住在家裡。當婆婆很苦惱地跟我說著這件事時，我好奇地問：「兒子婚後跟你們同住，可以相互照顧不好嗎？」沒想到婆婆淡淡地說：「我不想再當媳婦了！」婆婆的這句回答，一直在我的心中發酵。

後來我仔細想想，婚後如果住進夫家，從先生的視角來看，他一切的生活習慣都不需要改變，而且還多了一位心愛的人來照顧他，他當然開心。但從夫家原有其他成員的視角來看，妳這位新入門的媳婦其實是來搶他們家中既有資源的外來者，比方說：如果你們住進有衛浴的套房，那原先住在那間套房的人要搬去哪呢？又如果你們住在沒有衛浴設備的房間，那妳洗澡如廁的時間不就影響到家中原有的其他成員了嗎？

而且這些都還不包括彼此不一樣的生活習慣、飲食口味，甚至是政治立場與宗教信仰等，妳有能力改變他們嗎？還是你抱著必死的決心，決定要犧牲自己完全融入夫家呢？如果妳沒有工作無法分擔家用，那妳吃公婆的、用公婆的、還住在公婆家，除非妳刻苦耐勞又嘴甜，或是可以百毒不侵，不然很難游刃有餘吧？

婆婆當初結婚時執意要在外面租房子，而不是住進夫家的大家族中；輪到她當婆婆時，也不願意與媳婦住在一起，就知道不管是以媳婦角色，還是以婆婆角色來看，婚後和姻親分開而住，都是對女人身心健康比較好的選擇。

小夫妻一旦結婚就需要學習磨合彼此的生活習慣和價值觀，不要貪圖省房租、省貸款，而跟公婆同住，這樣先生很難獨立長大，而媳婦也難以擺脫寄人籬下又矮人一截之感。

結婚不是去你家住或是來我家住，而是已經長大成人的我們，要找一個房子自己住，才能成立「我們的家」。

在我的朋友圈中，有一部分是「結婚是夫妻兩人先分開住，後來才住在一起」；也有人婚後就是兩夫妻一起住。這些沒有與公婆同住的夫妻，往往可以快一點適應婚後生活。另外也有些人婚後先住在夫家，等過幾年存到足夠的錢就買房子搬出來，這樣才有經濟能力與自由用自己的想法來打理一個家。還有些人是因為要請公婆幫忙看孩子，所以買了大房子請公婆與自己同住。不過，請長輩照顧孩子又是另一件媳婦要考慮的大事了！

二、不要為了貪圖省保姆費，而給公婆帶孩子。

我發現一件有趣的事：女兒請娘家媽媽帶孩子會給媽媽保母費，但媳婦把孩子給公婆帶往往不會給錢，她們的理由是因為孩子跟夫家姓，是夫家的孩子。但這樣的邏輯真的說得通嗎？

而且，婆媳會發生衝突，很多是從帶孩子的觀念差異太大而開始產生的。我就有一位朋友原本也是跟婆家人一起住，在她辭去工作跟婆婆一起帶孩子後，兩代教養觀的差異讓衝突不斷發生，卡在中間是兒子也是先生的男人，最後終於決定買房子帶著妻子和孩子搬離原生家庭。

有些媳婦貪圖婆婆無酬育嬰，還要怪婆婆沒有把孩子帶好；但如果角色互換，妳願意無酬幫媳婦帶孩子嗎？如果是我，我真的不想幫兒子們帶孩子，因為時代變化很快，育兒的觀念隨時在更迭，我沒有把握能以最適合的方法來管教孫子；而且當我成為婆婆時，應該也沒有體力負荷新生兒的需求了。

我曾看過一篇文章，提到只有等孩子們生兒育女後，才能卸除管教孩子的壓力，而真正感受到生命被傳承的喜悅。我問婆婆她當了奶奶後有類似的喜悅嗎？她笑笑地說：「我就是覺得我只想好好疼孫子，但不想教孫子了，教孫子是你們的事。」我覺得婆婆很真誠地說出了祖輩的心聲，因為管教孩子是父母的責任，上一代已經盡了管教自己子女的責任，負責疼孫就足夠。等子女生養孩子後，應該由他們自己肩負起管教孩子的責任，而不該把責任外包給父母。

如果不想讓職涯中斷而一定需要有人幫忙帶孩子，大可找專業的保母，而不要讓長輩無酬育嬰。

第四章

擁有讓自己幸福的能力

——【自我篇】

先學會愛自己，才有能力愛別人

外界給的傷害是一時的，但當你心心念念放不下、忘不了，還反覆思量與回憶，那就是你的回憶在傷害你自己。我們無法改變已經發生的事，但可以用新的觀點去解釋已經發生的事。

最初給我們愛的是父母，是相處的家人。慢慢長大，進入戀愛階段、婚姻階段，然後有了自己的孩子。給我們愛的人多了，但會帶給我們傷害的人也變多了。因為這樣，所以我們才越來越痛苦，越來越容易受傷，也越來越不快樂嗎？但，人生不應該是這樣啊！

自己的情緒要歸自己管理，我們不可以給別人那麼大的權力與壓力操弄自身的情緒。等待別人給愛的人，無法過上真正幸福的日子；愛一個人，也不代表可以讓對方傷害你。你要先學會愛自己，了解自己，學著對別人付出愛與關懷，才可以真正享受與感受到愛在流動的美好。

跟朋友聊天時，她說：「每次跟先生聊天聊到比較精神層面的話題，他都會說他其實聽不懂，但是他願意聽。」

我笑著說：「那你先生人還不錯，至少他願意聽，對大多數的男性來說，人生就是食色性也這麼單純，他的肉體滿足就好，哪還管那麼多心靈上的東西。」

女人都想追求靈魂伴侶，希望有一個人，有一顆心，可以完完全全地懂妳、了解妳，永遠都可以心有靈犀一點通。但這不但難，還是天方夜譚。

每個人的興趣或是專業都各自不同，就像有一次我跟先生聽中文系教授演講，先生事後說他其實大部分都聽不懂教授在講什麼。我可以理解他的不懂，因為這不是他有興趣的範疇，就像我看著先生在寫電腦程式時，也是全然的門外漢，因為那不是我的專業。不同的兩人結合在一起，可能會激起火花，也可能會形成隔閡，這些都會造成生活的動盪讓我們混亂，很需要靠自己來安定下來。然而男人跟女人要的東西常常不一樣，我要的你不給，你給的我往往又不想要，雖然都想過上幸福快樂的生活，但是彼此對幸福快樂的認定，卻也南轅北轍。

把幸福人生的主導權，抓回放在自己身上吧！

當幸福要靠外求，很容易就會讓自己受傷；若幸福能來自自足，才能讓我們總是可以產生新的力量。

當別人惹你生氣、讓你傷心，凡此的種種情緒，都應該只是一時的，讓事件影響過情緒就好，而不要變成情緒垃圾，總是讓你的人生發臭。

放下與原諒，不單是要放下過去，原諒對方，最重要的，是要原諒曾受了傷、而沒有保護好自己的你，因為那時我們不是故意讓自己受傷，而是人生經驗和智慧不足才會讓自己受傷，這些歷程，其實都是我們成長的代價。

外界給的傷害是一時的，但當你心心念念放不下、忘不了，還反覆思量與回憶，那就是你的回憶在傷害你自己。我們不能改變已經發生的事，但是我們可以用新的觀點去解釋已經發生的事。這也是為什麼現在愈來愈多人藉助學習心理學去療癒童年傷痕的原因。

高中時爸媽分居後，我跟父親住了十年，念研究所時因為眷村改建而搬去跟母親同住了六年多後結婚。在跟媽媽同住的那幾年，我跟媽媽才有更多相聚與聊天的時光。雖然媽媽偶爾會抱怨她在生活中的煩心事，但她更常說的是在生活中感受到幸福快樂的事。

其實我以前覺得媽媽的人生很不幸，她在童年時就失去母親，身為大姐的她為了照顧妹妹弟弟，在小學的最後一年就放棄升學，到工廠上班分擔家計。在十六歲聽從外公的安排嫁給大她二十六歲的我的父親，婚後十二年生了六個孩子。我不知她是何時才得知原來丈夫在大陸是有妻子的。她在被先生家暴後逃跑，等想念孩子後又回家，如此反覆幾年，最後夫妻分居。當父親把大陸的元配接來，台灣的媽媽也和善地跟對方互動。媽媽看起來是過著這樣不幸福又不穩定的生活，但卻跟我說她覺得這一生也沒有受什麼苦。

媽媽雖然是個失去被配偶好好關愛的人，但她在接納一切後整合自己有的資源，而且經由發自內在的感恩與惜福，看見生活中的好，讓她能夠對遭逢各種狀況的生活都甘之如飴。

後來我慢慢才明白，我的溫柔與包容、善良與感恩是承襲自媽媽，我的接納一切與認真做自己也是翻版自媽媽。媽媽常常笑臉迎人，讓她的孩子和孫子都很喜歡跟她相處，她擁有一個能夠安定自己，又能讓別人放鬆的靈魂。

管理好自己的情緒，就擁有人生的主導權，好好愛自己，你就有愛別人的能力與自信，不用等著別人的愛來施捨或給予，因為你已足夠豐富自己，可以過好自己的生活。

「犧牲」，不該是女性婚姻生活的關鍵字

沒有誰應該為誰犧牲什麼，而是因為選擇了什麼，就要認真對待自己的選擇。所謂的能者多勞，其實也只是在乎的人，就願意多做一點。既然是自己願意多做，就不該怪別人讓自己累。

有些讀者跟我分享婚姻裡的失落，覺得平時只忙著照顧孩子，冷落了先生，讓夫妻感情鬆動，而孩子也沒有教好，越想抓緊卻越抓不住，感覺很氣餒、很失敗。

很多不快樂的中年已婚婦女，痛點都相同：夫妻感情不協調，親子關係不好，甚至看自己也覺得很討厭。為什麼會這樣呢？

原來這些年，我們都把努力用錯了地方。我們以為一味地付出是對的，但家

人卻在習以為常下以為這些都是妳該做的，我們以為犧牲自己的時間與喜好，可以讓家人生活得更好，卻不知道被犧牲的不只是時間或興趣，還有我們被歲月所腐蝕的青春和自信。連妳都不喜歡自己了，家人又如何會珍視妳存在的價值？

當你無所謂自己的價值而一味自我犧牲，別人當然就不在乎你。

沒有誰應該為誰犧牲什麼，而是因為選擇了什麼，就要認真對待自己的選擇，負起責任。所謂的能者多勞，其實也只是在乎的人，就願意多做一點。既然是自己願意多做，就不該怪別人讓自己累。而且要記得劃出界線，不要讓多勞變成過勞。

女人如果要省錢，就不要抱怨。怨先生賺得不多，怨錢都花在孩子身上，怨東怨西，省這省那，不但省掉自己的幸福，也省丟了家庭的幸福。

錢，只是一個工具，要懂得運用，才可以當金錢的主人，而不至於淪為金錢的奴隸。在我和先生背著還有一千多萬的房貸，仍選擇出國旅遊時，鄰居好奇地問我：「負債那麼多，你們怎麼還會出國玩，如果是我，我會先把錢省下來！」

我說：「出國旅行，是我跟先生共同抒壓的方式，我當然是盡量找便宜的團參加，可以散散心就好。做了自己喜歡的事，才有能量面對生活中各式各樣的壓力。」

每個人的心中都有愛的罐子，當你沒有為自己的罐子注入愛的感受，空空的罐子是給不出愛的。可是你想要的愛如果你自己不說，自己又不愛自己，別人不會讀心術，也不是解語花，要如何對你表達愛呢？

教導孩子，我也會明確告訴他們，父母喜歡吃什麼，喜歡過怎樣的生活。養兒當然不是為了防老，但孩子必須明白，藉由父母與國家的供養，他得以茁壯成長，等他長大有能力時，當然要跟父母分享成就，提供父母喜歡的東西與生活，並且回饋社會，社會才可能一代又一代地接續著傳承下去。

沒有誰的人生比較幸福，懂得如何做出適合自己又能利他的選擇，就是自己專屬的幸福。

婚姻在不同階段會有不同的挑戰與考驗，這需要重新整合家裡的資源再做選擇。如果妳以前總是把自己擺在最後順位，現在可以學習停損，重新盤整妳的資源，看看家中成員每個人現在的工作、年紀、可以為家庭付出什麼讓家變得更好。

舉例來說：當我家的老大四個月大時，我選擇成為家庭主婦後，我們家就出現先生負責賺錢和倒垃圾，其他的事都由我來處理的分工方式。在發生因為我生病而弟弟不願意讓爸爸送他去上才藝課的事件，我才重新調整家人互動的模式，讓先生可以參與更多。

結婚初期，夫妻多半都在打拼事業賺錢，希望讓家庭生活品質更好。之後一旦孩子出生就得有人帶，因此現在選擇育嬰假的人很多，不只是女性，也有先生請育嬰假的情形。只是，孩子會長大，會進入學校，因此我們不會、也不需要為帶孩子犧牲一輩子。有些人在育嬰假結束順利重返職場，有些人則在育嬰的過程中發現自己不同的興趣而發展成事業。現在社群網路很發達，常常吸收外界的資訊，也想想自己可以做什麼，才不會活得那麼封閉或委屈。

多看、多聽、多學、多累積，婚姻生活不是要讓女人在柴米油鹽中淹損能力，而是在為生活奮鬥的鍛鍊中，看看還可以激發出哪一些潛藏的自己。

如果妳現在因為孩子還小，必須留在家裡育兒，還是可以保持做自己有興趣的事，等孩子都上學了，就可以多跟社會連結與互動。像我在孩子還小時，仍然維持寫作的習慣，等孩子都上學後便主動接觸社會，進入學校當圖書館的志工，當學校的代課老師，同時也在社群網站分享自己的育兒觀念，之後被雜誌邀請寫專欄，進而演講、出書，這些都是持續分享與累積的成果。

我們是受過良好教育的新時代女性，走入婚姻與家庭不只是為了生兒育女，而是為了體驗更豐富的人生。不要困在家庭裡發牢騷，或抱怨別人沒有給妳機會，要探出頭來看看自己還可以在這個社會上做些什麼事，讓社會變得更好，也讓自己的存在變得更有價值。

不要認為結婚後要繼續工作、保持有收入才能有底氣，這會壓垮女人本來想回家帶孩子的心，也擔心自己因為沒有收入就變成米蟲，這其實是金錢至上觀念的迷思。重要的是，女人即便暫時回歸家庭照顧孩子，也不能跟社會脫節，而要跟社會保持互動，特別是這幾年因為防疫，有很多的線上課程與講座，可以讓人不停學習。

保持學習、運動，涵養自己的身心靈，累積實力，等到適合的時機出現，隨時可以重新投入社會工作、賺錢與展現自己的能力，這才是女人要關心的事情，而不是在職涯發展與家庭和諧中覺得一定是自己要犧牲。

如果你之前結婚時沒想清楚也無妨，餘生漫漫，現在來重新規劃自己的夢想與腳步也不遲，因為成功靠的是累積，而不是奇蹟。

婚姻不是你用來改變對方的工具

我和我的另一半在婚姻裡都產生了很多的變化，
這些改變都是彼此在生活的交流中，為了想變成更好的人而自願做的；
但我們也都各自保有一部分的堅持，並包容彼此的差異。

婚姻與戀愛最大的不同，就是戀愛看見的往往是對方的優點，婚姻卻是要包容對方的缺點。在尋常生活中，我們忍受與包容著配偶跟自身的差異，配偶何嘗不也是要包容與忍受著我們跟他的差異呢？

婚姻不是我們用來改變對方的工具，因為我們在認識彼此前，已經走了一段人生路，有了自己的個性、想法、價值觀，還有背後盤根錯節的原生家庭等變項。而我們在婚前也不可能完全表現出自我的樣子，因而會讓對方心中對配偶有些「自己的想像」。但等到真的結婚住在一起，發現對方跟自己的想像不一樣時，不能接受的人可能就會選擇離婚；還沒選擇離婚的，就可能會想要改變對方。但有多少人真的可以改變別人呢？

今年過年除夕時，兩個讀高中的兒子跟我一起打掃房子，過程中弟弟一直打噴嚏。結果年節期間，他情況變嚴重，不但眼睛痛、牙齒痛，還一直流臭臭的鼻涕。我們判斷可能是鼻竇炎，但因為診所醫院都休息，我們就先買成藥救急。

年後帶弟弟去診所檢查，果然是鼻竇炎，我詢問醫生是細菌還是病毒造成，醫生說：「一般來說，是細菌造成鼻竇炎，我們才會用抗生素治療；但如果是病毒造成的感冒，自己慢慢就會痊癒。其實我念書跟從業這麼久，也沒有真的用肉眼看過病毒，有時候還會懷疑真的有病毒嗎？」醫生用著輕鬆幽默的方式又有問必答地回應我，不但拉近了醫病距離，也讓我放下了擔心。

我覺得這位醫生很有趣，回家後跟先生分享，沒想到他很正經地跟我說：「如果醫生跟我說他從沒有用肉眼看過病毒，我就會覺得他很不專業。難怪以前我有個主管不信任竹北這邊的醫生，都喜歡到台北的醫院看病！」

啊！我覺得醫生的談話很親切，他讓擔心孩子健康的母親放下了疑惑與焦慮；但先生聽到這些對談，卻是覺得醫生暴露他的不專業。

當然，這只是件婚姻生活中不足掛齒的細瑣小事，但可以看得出來，同樣一件事，夫妻卻會有天差地別的感受。是因為性別不同、角色不同、觀點不同、知識背景不同，或是對專業形象的要求不同呢？我們要為這些不同爭論不休嗎？現在的我不會這樣做，我會覺得：原來你是這樣看待這件事，那我知道了！

在婚姻裡的抱怨與挑剔，愛比較與愛計較，往往是我們太堅持在我執的狀態中，無法接受配偶跟我們不同的生活習慣與模式，卻忘了對方跟我們本來就是不同的人。

如果不想離婚，就不要傷害自己的婚姻，但其實我們卻往往不自覺在做著這樣的事：抱怨、忽視、冷漠、挑剔、不用心、愛比較與愛計較、跟異性搞曖昧等，讓原本濃烈的愛情，在每日柴米油鹽的調和與稀釋中，逐漸走味與變調，把生活都燒成了灰燼，讓感情也跟著灰飛煙滅。

尤其情緒高漲在爆發時，我們不但口不擇言，甚至還特別往對方的痛點打，擺明就是「既然我不開心，你也別想好過」的玉石俱焚心態。我承認我偶爾也會腦殘地做些讓對方不開心、讓自己也痛苦的事，但自從我刻意帶著覺察過生活之後，就減少了這些不理性還具有傷害性的行為。

昔日才子佳人李敖跟胡因夢的婚姻，僅短短三個月就告吹。此後李敖常在節目上批評胡因夢，但胡因夢卻只說了這一生很感謝李敖先生讓她成長，這是何等的胸襟與度量！以前我很討厭看見李敖消費胡因夢，但在閱歷漸長後好像慢慢明白了，也許是李敖根本就放不下胡因夢，才會用批評她來懷念失去她吧？

沒有人可以改變我們，但我們卻可能會為了愛的人而改變。坦白說，我在婚姻裡改變很多，我的先生在婚姻裡也產生了很多的變化，但這些改變很少是我們要求對方，而只是在生活的交流中想變成更好運作與更好的人而自願做出的改變。我們也都各自保有一部分的堅持，也是因為這樣的包容差異與往好的方向的改變，才讓我們在快二十年的婚姻裡，還覺得對方是個不錯的人。

沒有一段婚姻是完美的，因為這個世界上也沒有完美的人。我們只是很幸運地找到了另外一半，靠著努力的磨合與修正，讓彼此都變得更完整，更適合跟對方相處。

用欣賞的眼光，多看看配偶的優點，會讓生活中的痛苦少些，樂趣多點。當妳挪出了欣賞對方的空間，會發現那剛剛好的距離，也可以讓自己優雅而自在地轉身與迴旋。

享受與家人相處，也能享受一個人獨處

有伴是幸福，但獨處也可以很快樂。
練習獨處力與眾處力，都是很重要的課題，特別是在婚姻裡的獨處力，
如果一個人不能過得開心，怎能奢望兩個人在一起就可以快樂呢？

我們以為結婚是為了找個伴侶共度一生，這其實只是一廂情願的想法。兩個人不管可以攜手同行多久，總會有一個人先鬆開手離開塵世。我會希望自己是先離開的那個人，但如果不是呢？

先生在工作很忙的時候，為了舒壓，曾經有一段喜歡玩「魔獸世界」的日子。那時他不但睡眠不足，身體狀況也不是很好，孩子們都年幼到還沒上學。我語帶威脅地對他說：「如果你早死，我就帶著孩子改嫁，連姓都改掉，我是不會當

寡婦的！」

可能是我平常對他講話都太溫柔，這樣嚴肅甚至有威脅意味的話語，確實讓他嚇到，開始深思玩線上遊戲的效益與得失，慢慢收斂不良的生活型態，最後戒掉了熬夜打怪。

跟先生語帶威脅說改嫁的話，其實也敲開了自己思考的面向，我開始想著如果在婚姻裡，我失去了他，或是失去了婚姻，生活會變成怎樣，或是我該如何繼續生活下去呢？從一開始越想越害怕，到慢慢越想越清晰要如何安排後續生活，知道自己還是會從痛苦的混亂中再振作起來後，也就明白了，這一生最重要的，就是跟自己好好過。

在婚姻裡，女人要學習如何愉悅地自處，接受自己的每一種情緒與面向，培養可以好好獨自生活的能力，而不是把所有心思和時間都放在先生或是孩子的身上。否則當孩子長大離巢，當先生不在身邊時，會被孤單寂寞所吞噬。

如果女人都要依附在別人的認同，或是為別人付出才覺得自己有價值時，那我們自身又被隱藏到哪裡呢？這不是辜負了生而為「我」這個人的機緣嗎？

我不習慣一個人看電影，但我可以一個人騎單車兜風，讓自己跟外界互動而充電。

我不習慣單獨外出用餐，但我可以煮一個人的餐食享用，好好慰勞自己的身心而享受愉悅。

我喜歡跟孩子們和先生在一起互動與陪伴，但也很享受一個人的獨處與靜思。

我二十出頭時就考到汽車駕照，但我只開過一次車子上路，因為我的方向感和空間概念都不是很好，這讓我可以自由行動的疆域很有限，但透過閱讀，卻能讓我內心的版圖無限。未婚時，我就是一個很喜歡獨處的人，即便結婚後我也很需要一個人的時間。

你喜歡只有自己的時刻嗎？有伴是幸福，但獨處也可以很快樂。練習獨處力與眾處力，都是很重要的課題，特別是在婚姻裡的獨處力，如果一個人不能過得開心，怎麼能奢望兩個人在一起就能快樂呢？

有些人失戀後就馬上投入新戀情，或是離婚後馬上再婚，很大原因都是害怕過一個人的生活。但這些反覆在戀情或婚姻中受傷的人，是因為不知道怎麼跟自己相處吧？

「練習一個人」，如果這是你在婚前很陌生的經驗，那在婚後更要開始學習。

曾經，我們以為男女兩性結合成婚姻關係後，生命才得以陰陽調和的完整。但，錯了！一個人，可以陰柔，也可以陽剛，才會真的走向自我完整。因為一個人可以陰陽平衡，才不會傾斜後造成偏頗與不周全。學習自我關懷與自我悅納，就是要讓我們可以走向完整，而這些往往要從獨處中感知與提升。

女人要相信自己是有能力學習與不斷優化。當我們懂得如何跟自己相處，就會懂得如何愛自己，懂得如何愛自己也就能累積更多愛的能力。用向上、向善的心態保持學習，不管是眾處還是獨處時，我們都能享受與承受生命裡的成就或挫折，不懼前行。

在愛的天秤上，保持動態平衡

愛，沒有對價關係。
在愛的天秤上，從愛自己開始，
不要讓心中的「相對剝奪感」出來作祟，也不要把付出與期待混淆在一起。

寒冷的冬夜，先生下班回家後問道：「房間的電暖爐怎麼開著沒關？」
我在書房裡回答：「因為等一下我要進去洗澡！」
他又似嘲諷又似挑釁似地說：「這麼嬌貴啊！房間還要先預熱？」
我堅定地回答：「對啊！我一直都很嬌貴的！」
他故意說：「像花一樣啊！那我幫妳改名叫做賽花好了！」
我笑著回：「這個名字不錯，但我比較喜歡我爸爸給我取的名字耶！」

我們這一連串的對話除了有些像抬槓之外，其實更多的原因是先生心中的「相對剝奪感」在作祟。由他的觀點來看，他是在外辛苦上班賺錢的男人，在寒冷的冬夜回到家，看見房裡的電暖爐開著卻沒有人用，根本就是浪費他辛苦賺的錢，別人享受著他原本可以擁有但現在沒有的，這種相對處於劣勢的感受讓他的情緒很不舒服，所以就用又似嘲諷又似挑釁的問話，展開攻擊。

當我們還是被爸媽捧在手掌心上照顧的女兒時，當我們還是被男朋友瞻前顧後的保護時，那嬌豔欲滴的模樣真是人見人愛。只是在走入婚姻之後，有多少脫下高跟鞋的白雪公主，都搖身一變成了灰姑娘呢？

當我們埋首在工作中求表現，回到家還要面對柴米油鹽的張羅、孩子的教養問題、家務的分工與維持等，沒有一樣事情是輕鬆的。我們只好匆匆忙忙地在不同的角色中變換與抽身，每天像陀螺一樣不停旋轉的生活，常常讓我們忘記怎麼微笑，結果愈活愈不快樂，愈活愈懷疑人生。

在愛的天秤上，我們是不是常常會有失衡的感覺？特別是當我們以母親的角色、以妻子的身分在扮演時。

花了三、四個鐘頭準備一餐飯與收拾，家人愛吃不吃的樣子讓我們好受傷，排了好久的時間才買到別人推薦的美食，不但得不到一句家人的讚美，連「你辛苦了」的感謝之意都沒有時，我們是不是覺得自己像是個傻瓜，把時間花在這些事情上面，到底為誰辛苦為誰忙？到底值不值得呢？

愛，要怎麼量化與衡量價值呢？愛，又要得到什麼樣的回報才算是值得的付出呢？在這些問與答中，常常讓我們更迷惘，更不懂得愛的真諦。

我們都想對我們愛的人好，但我們卻也忘了，我們對他們的好，他們有選擇接受與不接受的權利，他們也有要不要回應的自由。你付出你想給的愛時，別人也有要不要接受的選擇權利，這才真的是愛的自由，不然就變成了愛的勒索。

女性在家中的角色，很容易淪為劣勢的原因，一方面是自己先習慣忍氣吞聲，默默地做，家人自然就習慣把事情都丟給你；另一方面是有怨氣，沒在當下表示出來，卻積壓成習慣抱怨或苛責家人。當家人跟你相處有動輒得咎的感覺，就會避之惟恐不及。當家人害怕跟你在一起，這樣你跟家人的感情就可能日形疏遠，也讓自己覺得在耗盡之後，沒有得到愛與關懷。

雙輸，都是從傾斜開始。生活，要保持動態平衡。

如果你看見家人很享受居家生活，自己也覺得很幸福時，這才是平衡的愛在流動。當你發現自己出現相對剝奪感的感受時，這表示也許我們做著自己委屈或不甘願的事，這情緒的警訊不是讓我們發作來傷害彼此的情感，而是需要跟家人好好談一談的時刻了，看你們的分工是否協調？勞役是否平均？彼此被愛的感受是否一致？還有在對方需要時是否可以獻上一臂之力？

像我平常一個人在家洗衣服後還要把濕衣服從二樓拿到四樓前陽台上曬，又重又累。如果這時有其他家人在，有時候我就會請他們幫忙，不然真的會心理不平衡。

只有對話與溝通，我們才能了解彼此，用猜的，總是會讓愛迷路。

不管是愛自己還是愛家人，愛的重點，不是時間的長短，不是用更多的物質來滿足慾望，而是要與自己同在地感受生命，要與對方同在地成為精神上的支柱，提升靈性的維度。當自己和對方在相處的過程中，感受到那份善意與溫柔，交流出溫暖彼此心房的甜甜感受，就是愛的互動。

不要用毀滅自己，報復不在乎你的人

在現代社會，離婚已經不是什麼見不得人或丟臉的事，求助更不是不勇敢。
如果妳真的想報復不在乎與不珍惜妳付出的人，那就是離開他，
且想辦法讓自己的生活過得比對方還幸福自在，這才是超完美的報復。

在二〇二〇年，台北市爆發了「我的婆婆殺了我」的新聞，震驚了整個社會，也有一些讀者問我的看法與想法。但在媒體報導上娘家與夫家各執一詞，我們畢竟不是當事人，很難看到全貌與理解箇中的委屈或是苦楚。

逝者已矣，生者痛或不痛呢？不管你在婚姻裡有多痛苦，都不要用毀滅自己報復不在乎你的人。

在這個案例之中，當事人住進婆家八年，在輕生前曾向先生透露跟婆婆衝突想輕生，但先生沒有積極防範或關心開導。而在跟婆婆的衝突中有曝光的音檔顯示婆媳發生口角後，婆婆態度十分強勢，死者在短短十七分鐘內道歉了高達二十次。

更悲傷的是，在媳婦過世後，婆家並沒有通知娘家，娘家人是透過看到死者的臉書驚覺有異聯絡婆家才知道發生憾事。甚至死者的遺物，娘家人要看手機還需要寫借據。種種不合常理的事，讓娘家人想討一個公道而訴諸法律。

隔年法院的判決，說明當初娘家告婆婆、丈夫有過失致死、幫助自殺等諸多罪嫌，因為證據不足，最終予以不起訴處分。

沒有一個死者可以為自己辯護，言語霸凌也很難蒐集證據。但在這個事件後，有網友在公共政策網路平台提出「姻親專法」，盼能立法禁止或限制姻親干涉婚姻當事人，而該提案也通過附議。

「姻親專法」提議者列出八點關於「話語行為」的內容條例，認為這是對婚姻當事人個體缺乏尊重、忽視婚姻當事人對小家庭的自主權：

一、姻親不得以話語、行為干涉婚姻當事人的婚姻內事務，舉凡「未來規劃、居住地、家務、工作、日常作息、生活習慣、休閒喜好」皆在婚姻事務範圍內。

二、姻親不得要求婚姻當事人執行任何非份內家事及勞動。

三、姻親不得以話語、行為干涉婚姻當事人對其小孩的日常教養過程。

四、姻親不得以話語直接或間接貶低、嘲弄婚姻當事人及其家人。

五、姻親不得以話語、行為干涉婚姻當事人及其小孩於任何時間點返回其原生家庭。

六、未事先告知婚姻當事人，禁止姻親擅入其共同居所或房間。

七、未經婚姻當事人同意，禁止姻親擅自翻閱、拿取婚姻當事人私有物。

八、未經婚姻當事人同意，禁止姻親擅自決定婚姻當事人小孩的姓名命名。

以及兩點有關「傳統婚禮習俗」的部分：

一、姻親不得收取婚姻當事人的聘金、嫁妝等任何金錢、財物。

二、姻親不得要求婚姻當事人進行歧視婚姻當事人的傳統婚禮儀式。

其實仔細研究這個內容，就是要把姻親跟結婚當事人用「尊重」來把生活界線劃分清楚，所以結了婚的人有人喊好，也有人覺得很可笑，連這些生活細節都不能相互尊重，那也不需要結婚了！而你怎麼看呢？

婚姻不是終身監禁，如果你在婚姻裡過不下去，多的是逃離的方法，千萬不要用毀滅自己報復不在乎你的人。選擇結婚，不是女生簽下賣身契，我們真的要盡量在外面自己組織小家庭，而不需委屈跟著先生的原生家庭一起生活。因為婚後還住在原生家庭的男人，根本就不需要、甚至也不想做任何改變，這樣男人很難真的長大獨立。當妳和他的家人而發生衝突時，他們是一家人，只有妳是外人，妳說他們會向著誰的機會比較多呢？妳這個外人要在人家的生活環境中創造出自己想要的幸福婚姻，難度是不是也太大了點？就像這個案例中婆家都說平常他們相處沒問題，是媳婦自己有問題。這個已經死掉的媳婦還能再幫自己辯解嗎？

其實一起生活難免會有口角或摩擦，但重點在於是否帶著惡意的嘲諷或是羞辱。沒有人被罵一次就會想不開，往往是長期霸凌才會讓人走上絕路。如果婚後夫家的家人或先生對你暴力相向，不管是言語還是肢體暴力，都是家暴的一種，不要忍氣吞聲，要蒐集證據報警尋求保護，因為文明已經走到二十一世紀了，不應該讓家暴的爛戲還不下檔。選擇離開一段不健康的婚姻不是失敗，只是結束了一段關係，這總比為了報復別人而結束自己的生命來得更正確。

在現代社會，離婚已經不是什麼見不得人或丟臉的事，求助更不是不勇敢。為了孩子，女人往往會堅強；為了自己，更應該勇敢拒絕暴力。每對夫妻在婚姻的道路上，都走得戰戰兢兢，要一邊學習與一邊磨合，才可能找到比較好的相處之道，如果婚姻無法再走下去，就停損認賠出場，千萬不要毀滅自己去報復不在乎妳的人。

如果妳真的想報復不在乎與不珍惜妳付出的人，那就是離開他，且想辦法讓自己的生活過得比對方還幸福自在，這才是超完美的報復。

釋放女力，而不是在婚姻裡唉聲嘆氣

婚姻，不是困住女力的緊箍咒，
而是往往女人在進入婚姻後，會變得更會想一點，更懂得多做一點，
只是在這些「想」與「做」中，我們是否有把心中的夢想也放在裡面，等著時機來實踐呢？

以現代二、三十歲剛進入婚姻裡的年輕女性來看，大多有受過高等教育。即便是婚齡有十年或二十年以上的熟女，也有五成以上有大學學歷或至少也有高中高職的學歷。在這些受過良好教育的女性選擇進入婚姻前，也是在社會上擁有一份工作，那為何進入婚姻後，漸漸失去了能力而只剩下怨氣、怒氣，甚至變得暴躁或憂鬱呢？

既然我們受過良好的教育，就應該發揮受過教育的價值，要保持學習，保持

跟社會的互動與聯繫，在婚姻裡面對生兒育女是否要暫停職涯這個議題時，其實也可以做選擇前的評估。

如果要工作而選擇交由別人帶孩子，除了繼續在職涯裡發展，還是需要學習教養的知識與吸收新資訊，了解現在教育的走向，才能給孩子成長與發展上適合的協助。

如果選擇回家自己帶孩子，孩子終究會長大進入學校接受教育，在這段陪伴的期間，媽媽要多觀察自己的興趣和能力，分享與紀錄是一種累積的方式。

成為母親之後，有些媽媽開啟了天賦之旅，像有人為了讓孩子能減少攝取添加物，自己在家做麵包才發現對烘焙有興趣，甚至發展成技能營生；也有為了幫孩子買適合的用具書籍而變成團購主獲利，像我這樣記錄孩子成長寫文章分享變成作者的人也不少。重點就是在於觀察、探問、實際操作、紀錄與分享等歷程的累積，除了做母親，我們也在陪伴孩子的路上，漸漸地發展與成就自己。

如果以三十歲成為母親來看，花十八年養大孩子，這十八年除了養育之外，我們還是可以做出很多其他能力的累積。這些累積，就可以在後面的三、四十年，成為我們為自己而活的資本。

婚姻，不該是困住女力的緊箍咒，而是女人在進入婚姻後，會變得更會想一點，更懂得多做一點，只是在這些「想」與「做」中，我們是不是有讓自己心中的夢想，也放在裡面等著時機來實踐呢？

我認識一個在緬甸出生的華僑，之前在泰國擺攤十幾年中學習到泰式按摩的技巧與能力，然後來台灣當按摩師傅。同時她是一位單親媽媽，在台灣的收入除了養活自己，還得負擔在泰國讀大學的女兒的學費和生活費。

我問她在泰國和台灣生活與工作上的差別在哪裡？她說：「在泰國吃很便宜，很容易生活，但工作賺的錢少。在台灣，雖然吃東西比較貴，但也比較容易賺錢。在台灣只要肯做，就活得下去。」

我看著她豐腴的臉笑著說出這些話時，也感覺得到她在台灣十幾年的生活，有得到自己想要的知足常樂。

「在台灣只要肯做，就活得下去！」是一位從小沒有受過教育，還要躲戰火年，且年逾五旬的單親媽媽，從困苦的緬甸來到台灣實際生活的寫照，那出生在台灣受過良好教育的女性，為什麼會迷失在婚姻的枷鎖中而不快樂呢？

這幾年社群媒體的興起，已經改變了職業生態，很多爆紅也長紅的網紅，大多是從分享自己的故事開始，並且持續進行著。

在抖音上分享的人中，最年長的是一位九十八歲的女性艾伯特（Lily Ebert），她在二〇二〇年疫情大流行封城期間，接受十八歲的曾孫福爾曼（Dov Forman）的建議，拍攝及分享自己在納粹大屠殺的倖存故事，上傳的影片創下超過兩千萬觀看人次。

我在網路上看到這則報導覺得很感動，因為：

一、對於曾孫的意見，老人家不但採納，還付諸實踐，顯現老人肯學，年輕人願意分享新技能，而她們祖孫間的互動也很自在與和諧。

二、老人家要回憶在集中營時這麼辛酸與痛苦的歷程，其實很需要勇氣，但她願意去做，如她所說：「我會講述親身故事，我會改變這個世界。」

三、保持學習與願意分享的心，是一個人可以跟社會產生良好連結的重要步驟。不管你幾歲，只要肯與外界溝通和接觸，生命總是會找到出口。

有時候在論壇網站上看到大家對婚姻的憧憬與想像，往往都圍繞著錢，大家只在乎「這樣的收入可不可以結婚？」、「回家帶小孩沒有收入要怎麼辦？」、「要存多少錢才可以買房？才可以生小孩？」等議題中打轉，但這就像是去南海取經的窮和尚和富和尚的故事，富和尚一直擔心自己準備的不夠而不敢動身，直到窮和尚已經去南海取經回來了，富和尚還沒準備好。

婚姻，要準備的是什麼呢？是一場夢幻的婚禮？是一頓精緻的酒席？是漂亮舒適的房子？是身心健康的兩個人都做好了思想準備與危機處理能力了嗎？

在婚姻裡，我們往往被妻子、母親、媳婦等角色纏繞，隱形自己的需求，甚至失去自己，這樣當然會覺得與幸福失之交臂。但你要知道自己想要的幸福是什麼，才能在鎖定目標後展開追求。

在這個強調自由意識、男女平權的社會，女人常以為得跟男人一樣強才能站上男人的位置，但這樣我們不是反而落入男人就是比較好的圈套嗎？

男人跟女人確實有很多的不一樣，就像每一個人都不一樣。女人不該追求變成跟男人一樣強，而是該覺察自己的女力要如何發揮。所謂女力，是發掘與發展女性自己的特質，如敏感、機靈、細膩、柔軟等，是可以如水的三態隨環境應變，也可以像是橡皮筋般地有彈性，有自己獨立思考的能力，有賺錢養活自己以及與社會連結的能力，有實踐自己夢想與能夠懂得拒絕的能力，有能夠如實接納與保持學習而懂得愛自己、做自己的能力。

這幾年醫美盛行，讓愛美又想抓住青春感覺的女性趨之若鶩，不惜花錢定期進診所微調，你也在這種風潮中前進嗎？還是不屑為之？不想為之？或是哀嘆自己困在婚姻裡帶孩子沒收入沒錢而無法為之呢？

大家都希望自己看起來比同年齡的人年輕一點吧？就像有位美容師說的：「你只要看起來比同年齡的人年輕，你就贏了！」

花錢想盡辦法讓自己看起來更年輕一點、更美一點，好像沒有不對，因為這是讓我們變得更好啊！但年輕和美是等號嗎？如果年輕才是美，那我們終究會在追求美的這場戰役上敗下陣來。一如我們如果只是在婚姻中追求更有錢的生活，住更好的房子，吃更貴的食物等在物質上的攀比，而沒有跟家裡的人進行心靈層次的互動和交流，那這個婚姻與這個家只會落入華而不實的虛殼中。

什麼是美？婚姻生活又要如何呈現出美感呢？

進入婚姻中的女人無論想要變美，還是想要有錢，都沒有錯。只是，要有多少錢你才會覺得自己有錢呢？要讓身心的美維持在怎樣的狀態你才覺得是美呢？這個界定是不是應該由你自己的內心，而不是由外面的標準設立呢？這樣才會是你要的生活與婚姻啊！

追求錢、追求美，往往是因為我們想要幸福，但你心中的幸福到底是什麼呢？

對我來說，幸福不是天邊抓不到的雲彩，而是看著雲彩的變化可以讓我發現大自然的美；不是擁有數千萬或上億的資產才叫有錢，而是我的錢可以用來提升生活，並且有能力定期資助我想幫助的單位，才算是能把錢運用得美好；不是只有在獲得成功時的那一刻喜悅，而是在還沒有完成目標前的掙扎與拼搏，都能讓自己覺得付出努力是在創造美好的過程中感受幸福。幸福是一種感受與覺知的能力，我也還在努力學習擴展這些感知。

祝福你也能開啟更多自己的感知，好好釋放內在的原力，成為獨立自主有思想也願分享的人，不要只為了孩子和柴米油鹽煩惱，多看看外面的世界，保持學習與連結，才可能在婚姻中找出自己的幸福方程式。

結語

當你們都覺得現在最好，表示你們正走在幸福的路上

什麼是幸福呢？當你跟心愛的人共組成一個家庭時，覺得幸福嗎？當妳發現驗孕棒上終於出現兩條線時，覺得幸福嗎？當妳終於把自己辛苦懷胎十月而平安生下的孩子抱在懷裡時，覺得幸福嗎？還是在妳心中設想的幸福一直都還沒有來呢？雖然每個人追求的幸福與快樂都不太一樣，但有時卻又很相似。

走過十年的初戀，也曾因為吵鬧而想分開。進入第二十年的婚姻，也曾因為

吵架而想分道揚鑣。但走過那些人生旅程中的風雨之後，我們還是一起攜手欣賞生命中的彩虹。我們相伴在身旁的日子，已遠遠超過不相識的歲月，已經很熟悉彼此的笑點與痛點，更明白哪裡是禁忌與地雷，生活習慣中的好惡，早已摸得一清二楚。好像再也激不起什麼驚天動地的火花似的，但也是這樣的不離不棄，才可以一直流淌著細水長流的幸福與甜蜜。

那一對夫妻不吵架？那一個家庭沒有柴米油鹽醬醋茶的生活壓力？女人是以家為天下，男人是以天下為家，兩性本來就是不一樣，為什麼有些夫妻禁不起一年、兩年的磨合就選擇分開？有些配偶卻可以磨個三十年、五十年，卻愈磨愈有情趣呢？

前幾年我在線上課程學到一句很有意思的話，是「我想重新認識你！」，這句話讓我知道我們對人、對生命，不管是自以為有多熟悉，都還是要保持一定程度的「好奇」。當我把這句話告訴家人時，他們也覺得很有趣。藉由多一點的好奇，可以多知道一些我們還不了解的地方，拉近彼此的距離，也可以因為開發新的不同，讓自己的生命經驗變得更豐富。

每次面對讀者提出跟配偶的相處問題時，這真的是很難回答的大哉問。因為相處與感受都是他們兩人的事，誰有這樣的能力與權力，經由單一的說詞就幫另一個人定生死呢？我也只能聽他們說自己的故事，讓他們吐吐苦水、訴訴委屈，也藉由這樣的互動，讓他們的心境能從混亂後再沉澱下來，重新整理自己的內在資源，安定自己，才能知道下一步要怎麼走，畢竟，該怎麼過日子，還是需要他們去選擇與承擔。

張曼娟老師曾說，以前在大學教書時，學生一段感情的開始與結束，差不多是大學四年。但是隨著她教書的時間越長，卻發現孩子的感情週期變得越短，現在是學期開始時戀愛，學期結束時分手，一段感情只能持續一個學期。

在什麼都追求速效的年代，感情也可以速成嗎？那成就的是燃燒的慾望吧？當慾念燒成灰燼，風一吹，誰也不對歲月留下積欠，除非有人收到了法院的傳票，要去解釋當初的兩情相悅，怎麼會演變成性侵案件？這是一個情感跟慾念嚴重糾結的年代，當情感的深度還不夠深厚，卻已跨過慾念的界線，很多時候是有理也說不清的，所以現在談戀愛，開始要學自保。一如現在年輕人結婚，開始要簽署婚前協議。

雖然婚姻是一張契約，每個人都有毀約的權利與權力，但如果只想著有退路，會不會同時也消彌了我們想要一起攜手前行的勇氣和熱情呢？

愛情是一種吸引力，什麼樣的人就吸引著相似的人靠近。我身邊的朋友，很多都是初戀就結婚。因為抱持著對情感的謹慎態度，所以選上了同樣謹慎的配偶。

如果覺得談戀愛談個三年五年很浪費時間，那怎麼可能跟一個人相守三十年五十年而不厭煩呢？在進入情感的深層交流與認識之前，先想一想自己需要跟追尋的是什麼，不要貿然就進入一段感情，更不要在認識不清的情況下先讓慾念引爆慾火，當火燒盡，誰也沒心思做更深度地探討與了解，那遊戲的不僅是人間，更是越燃燒愈短暫的青春。

好好用心經營一份感情不容易，但選擇配偶不是選擇巧克力，經營婚姻更非隨時都可以拒玩的兒戲。以前的人在東西壞了總是先想著修修看，婚姻出現問題也是先想著要討論看看，現代經濟富裕，東西壞了就買新的，婚姻覺得不開心就離婚再說。如果沒有面對問題的勇氣而只是想換新的，那要換多少才會換到對的呢？如果心態不健康，也很難經營出健康良善的婚姻關係吧？感情要慎始，更要認真經營，才可能善終。

不要再捨近求遠地幻想連續劇裡高調卻夢幻的愛情，你只要抓住在感受到愛的那一瞬間，把那些稍縱即逝的愛的感覺，存在愛情的存簿裡，如此，在婚姻裡的愛情，還是天天都有存款的。你想要怎樣的婚姻呢？不要光用想的，而要實際行動。

婚姻裡的愛情，不再是花前月下的你濃我濃，而是平淡柴米油鹽中的你好我也好。你累的時候我幫你承擔一些，我挺不住的時候你幫我擔待一下，發生問題的時候，我們可以想方設法地一起解決。賺錢和加薪的時候，我們可以心安理得地去花錢享受一番；吵架的時候，會想想對方的好；快樂的時候，會想跟對方一起分享。看著孩子漸漸地長大，發現彼此慢慢在變老，那跟著微笑飛揚在眼角的紋路，就是我們牽手一起走過考驗與幸福的路。有時候歡笑，有時候疼痛，但回首來時路，還是你常相伴左右，陪著我走，雖然沒有華麗的包裝，卻像是氧氣一般的存在，那麼自然地將你我包圍，雖然看不到，卻不能缺乏。

那一天跟先生在散步，邊走邊聊天時我問：「你覺得在人生中的哪一個階段最好？最幸福？」

他笑著看著我說：「現在就很好啊！」

我看著他臉上淺淺的微笑，快樂地說著現在就很好啊！讓我不自覺停下了腳步，用很感激的聲音回應他說：「謝謝你這麼說！讓我覺得好感動呢！」

他說：「妳高興，我就開心！」

我們相視而笑，那在笑容中傳遞的相知相惜，有著晚空中的星月作見證。

當你們都覺得現在是最好的時候，你們就相伴走在幸福的路上了！但是要記得，還是要對配偶、對生命保持好奇，永遠都有著想重新認識對方，以及認識自己的好奇心，才會讓我們一直燃燒著熱情。

人生顧問 CF00482

剛剛好的溫度：
面對多重角色的平衡之道，讓愛擁有恰到好處的溫暖

作　　者—尚瑞君
主　　編—郭香君
責任企劃—張瑋之
封面設計—張巖
內頁排版—新鑫電腦排版工作室

編輯總監—蘇清霖
董 事 長—趙政岷
出 版 者—時報文化出版企業股份有限公司
108019台北市和平西路三段二四〇號七樓
發行專線—（〇二）二三〇六—六八四二
讀者服務專線—〇八〇〇—二三一—七〇五
（〇二）二三〇四—七一〇三
讀者服務傳真—（〇二）二三〇四—六八五八
郵撥—一九三四四七二四時報文化出版公司
信箱—10899臺北華江橋郵局第九九信箱

時報悅讀網—http://www.readingtimes.com.tw
綠活線臉書—https://www.facebook.com/readingtimesgreenlife
法律顧問—理律法律事務所　陳長文律師、李念祖律師
印　　刷—紘億印刷有限公司
初版一刷—二〇二三年四月二十一日
定　　價—新臺幣三二〇元
版權所有　翻印必究（缺頁或破損的書，請寄回更換）

時報文化出版公司成立於一九七五年，
並於一九九九年股票上櫃公開發行，於二〇〇八年脫離中時集團非屬旺中，
以「尊重智慧與創意的文化事業」為信念。

剛剛好的溫度：面對多重角色的平衡之道，讓愛擁有恰到好處的溫暖 / 尚瑞君 著. -- 初版. -- 臺北市：時報文化出版企業股份有限公司, 2023.04
面；　公分. --（人生顧問；CF00482）
ISBN 978-626-353-670-8（平裝）
1. CST: 婚姻　2. CST: 兩性關係
544.3　　112004042

版權所有　翻印必究
（缺頁或破損的書，請寄回更換）

ISBN 978-626-353-670-8
Printed in Taiwan